Steffen Eichhorn • Stefan Marquard • Stephan Otto

BBQ PUR!

HEEL

IMPRESSUM

HEEL Verlag GmbH
Gut Pottscheidt
53639 Königswinter
Tel.: 0 22 23 92 30-0
Fax: 0 22 23 92 30-13
E-Mail: info@heel-verlag.de
Internet: www.heel-verlag.de

Fotos: Thomas Schultze: Foodfotos, Stephan Otto: 17, 18, 21, 28, 29, Fotolia: 19
Coverfoto: Thomas Schultze
Satz und Gestaltung: Claudia Renierkens, renierkens kommunikations-design, Köln
Foodstyling: Christine Birnbaum
Lektorat: Christine Birnbaum

Druck: Offizin Andersen Nexö

Printed in Germany

ISBN 978-3-86852-362-1

INHALTSVERZEICHNIS

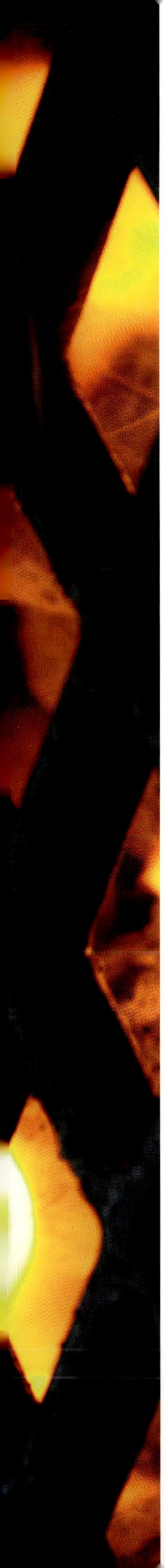

„Never change a winning team."

Dieses geflügelte Wort der englischen Fußballtrainerlegende Sir Alfred Ernest Ramsey hat auch uns inspiriert. Denn unser erstes gemeinsames Projekt **„Steak pur!"** hat nicht nur jede Menge gute Laune gemacht, es war und ist auch sehr erfolgreich. Deshalb folgt nun der zweite Streich, mit identischer Mannschaft, denn an Ideen gab es schon beim letzten Mal keinen Mangel, und wir hatten uns noch lange nicht ausgetobt, als wir auf der letzten Seite angekommen waren. Also auf eine Neues!

Allerdings geht es bei **„BBQ pur!"** tatsächlich nur ums Barbecue, der Herd bleibt definitiv kalt. Und weil die Qualität der Lebensmittel ganz wesentlich ist für ein rundum gelungenes BBQ-Erlebnis, hat Stephan Otto zusammengetragen, auf was man beim Einkauf achten muss und vor allem, was man wissen sollte, um die richtigen Produkte auf den Grillrost zu bekommen. Was dann am Ende aus den sorgsam ausgewählten Einkäufen geworden ist, dafür sind Steffen Eichhorn und Stefan Marquard verantwortlich. Rezepte wurden ausgeklügelt und wieder verworfen, neu konzipiert und so lange verändert, bis der Spaß bei der Zubereitung und das Geschmackserlebnis sich auf einem Level eingependelt hatten. Steffens geniale Idee, bunte Brause-Ufos in entsprechend zugeschnittenen Melonenwürfeln zu verstecken, um diese dann auf den Grill zu legen, kann hier deshalb nur als Anekdote erzählt werden. Wir haben viel gelacht beim Experimentieren, am Gaumen war das Ganze dann – vorsichtig ausgedrückt – eher enttäuschend. In dieser überaus kreativen (Bastel)Phase ist auch das Rezept für die gegrillten Austern entstanden – allerdings mit durchschlagendem Erfolg. Unbedingt ausprobieren! Mehr wird nicht verraten.

Aber mit den Rezepten, die wir jetzt ausgewählt haben, ist auch der weniger geübte BBQer auf der sicheren Seite. Sie sind weit entfernt von geschmacklichem Einerlei, setzen keine überdurchschnittlichen Kocherfahrungen voraus und schmecken, so wie man es sich erträumt: einfach lecker! Antipasti vom Grill, sanft gegarte Steakhüfte, gegrilltes Spiegelei in der Paprika oder Striploin in Cola-Whiskey Marinade – die Auswahl ist bunt, spannend und bietet für jeden Geschmack das Passende.

Einen Hinweis zum Schluss: Dort, wo man die Portionen einigermaßen realistisch einschätzen kann, steht es dabei. Dass man den Smoker nicht anheizt, um vier Personen zu verköstigen, weiß jeder, der schon einmal gesmokt hat. Deshalb fehlen bei allen Smoker-Gerichten die Prognosen darüber, wie viele Leute voraussichtlich satt werden. Auch hier gilt: Ausprobieren!

Und nun wünschen wir allen genauso viel Spaß wie wir ihn hatten – und guten Appetit!

Stefan Marquardt

Stephan Otto

Steffen Eichhorn

ERLEBNIS BBQ

BBQ oder Barbecue oder Bar-b-que steht heute in Deutschland als Überbegriff für die Zubereitung insbesondere von Fleisch über Feuer und Glut. Die dazu benutzten Geräte, die Grills und Smoker, können High-End-Männerspielzeuge sein oder auch nur ein einfacher Rost über einer Feuerstelle.

BBQ steht aber auch für die hauptsächlich in den USA geprägte Kultur des Zusammenseins mit der gemeinsamen Zubereitung des Essens. Während man in der Küche eigentlich fertig sein möchte, wenn die Gäste kommen, legt man beim BBQ das Fleisch erst auf, wenn die Runde komplett ist. Das Zischen des Gargutes, wenn es auf die Grillstäbe gelegt wird, der Rauch, der aus dem Smoker kommt, trägt zur Vorfreude und zum Gesamterlebnis bei. Dieses Ereignis, das Essen gemeinsam über dem Feuer zuzubereiten, hat sich von den Menschen zu Zeiten der Neandertaler bis heute erhalten und wir können seit einigen Jahren zum einen eine Renaissance, aber auch eine Weiterentwicklung des BBQs mit spannenden Innovationen beobachten.

Neben
der richtigen Technik
und Kreativität bei der Planung
und Zusammenstellung der Gerichte
gibt es eine Konstante bei jeder Zuberei-
tungsart. Ob es nun kurzes, direktes Grillen
auf großer Hitze oder längeres, indirektes
Grillen auf mittlerer Temperatur oder „low and
slow“, das ganz langsame Smoken bei niedri-
ger Temperatur ist: Die Zutaten bestimmen
am Ende, ob das BBQ unter mittelmäßig
abgehakt wird, oder als Spitzen-
erlebnis in Erinnerung
bleibt.

DIE QUAL DER WAHL – KRITERIEN BEI DER FLEISCHAUSWAHL

Bei der Auswahl des Fleisches spiegeln sich fünf Qualitätskriterien in der sensorischen Qualität, beim Geschmack, der Zartheit und Saftigkeit wider: Biologische Voraussetzungen, Futter, Schlachtalter, Reifung sowie die Herkunft und Aufzucht. Aber auch ethische Kriterien wie das Umweltbewusstsein des Produzenten oder die Nachhaltigkeit bei der Aufzucht und Vermarktung und die lückenlose Rückverfolgbarkeit der Herkunft sind wesentliche Aspekte, die die Kaufentscheidung ganz wesentlich beeinflussen.

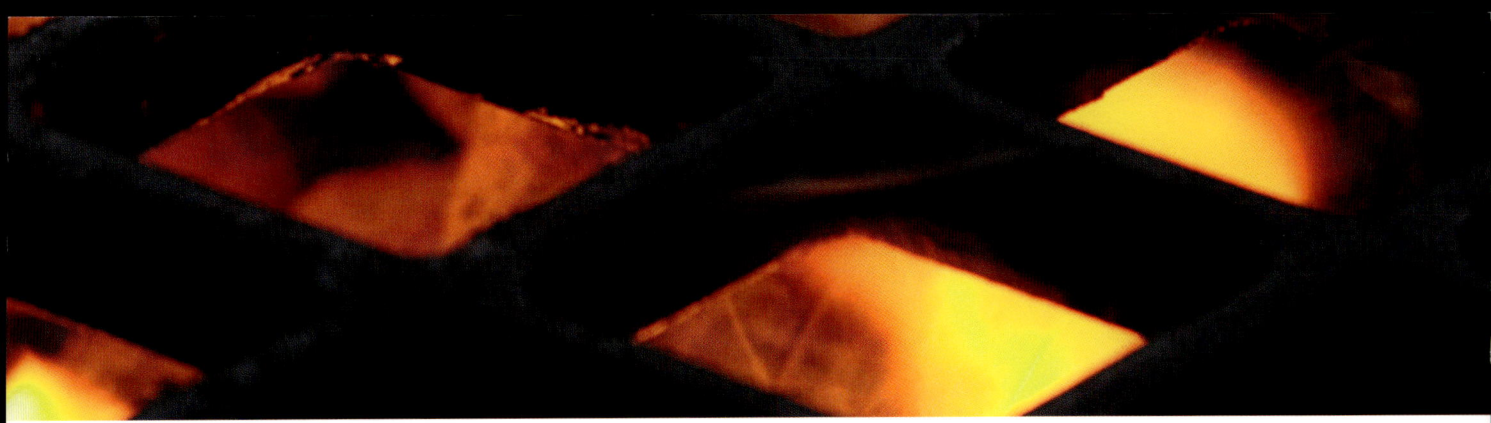

DIE BIOLOGISCHEN VORAUSSETZUNGEN

Ob Rind, Schwein, Lamm oder Huhn – seitdem es Haustierrassen gibt, beschäftigten sich Züchter damit, diese Rassen entsprechend ihrer Nutzung weiterzuentwickeln.

Dabei orientiert sich die überwiegende Mehrheit der Züchter in den letzten 60 Jahren mehr und mehr am Massenmarkt und setzt die Trends dieses Marktes konsequent bei der Züchtung um. Insbesondere beim Schwein war und ist dies sehr gut zu beobachten, da hier durch die sehr schnellen Reproduktionszyklen die Wünsche der Industrie schnell umgesetzt werden konnten. Fettfrei und extrem schnell wachsend, so lauteten die Anforderungen. Dass dabei Geschmack und Ethik auf der Strecke blieben, wurde bewusst in Kauf genommen. Die Wiederentdeckung von alten deutschen Schweinerassen, wie beispielsweise das Schwäbisch-Hällische, oder auch die heutige Beliebtheit des stark marmorierten, halbwilden schwarzen Ibérico Schweines, zeigen, dass der Gourmet auf dieselben Qualitäten achtet, die auch unsere Vorfahren schon zu schätzen wussten: Geschmack, Zartheit und Saftigkeit. Als zweites Beispiel kann man an dieser Stelle das Rind anführen. Auch hier ist für den Kenner die Rasse ganz essentiell. Das Rind ist eine der ältesten europäischen Haustierrassen überhaupt und es gibt derzeit etwa 100 domestizierte Rinderrassen. Die meisten haben nur eine regionale Bedeutung, einige wenige sind weltweit bekannt. Die Rassen werden entsprechend ihres Nutzungszweckes klassifiziert. Man unterscheidet deshalb zwischen Fleischrassen, Milchrassen und Zweinutzungsrassen.

Die Züchter versuchen, durch einen Auswahlprozess diejenigen Eigenschaften der Tiere zu fördern und zu optimieren, mit denen sie den höchsten Ertrag erzielen. Der Konsument wiederum bestimmt durch seine Nachfrage, welche Genetik und welche Fleischeigenschaften weiter gezüchtet werden. Zunächst stellt sich die Frage, worauf es dem Konsumenten bei der Auswahl von Schwein, Rind, Lamm oder Geflügel ankommt. So erwartet der Käufer bestimmte sensorische Eigenschaften. In Deutschland ist dies insbesondere die Zartheit des Fleisches. Darüber hinaus wird eine gleichbleibende Qualität vorausgesetzt und ein möglichst günstiger Preis. Nur wenige Käufer erwarten ein faires Preis-Leistungs-Verhältnis. Ausgehend von den Anforderungen der Konsumenten achten die Züchter darauf, dass ihre Tiere sehr gute Futterverwerter sind. Das heißt, man will mit möglichst wenig Futter eine hohe Gewichtszunahme erreichen. Diese soll noch dazu recht schnell erfolgen, denn umso rascher können die Tiere verkauft werden. Das spart nicht nur Platz, sondern auch die tägliche Fütterung.

Für den Züchter sind auch die folgenden Kriterien von großer Bedeutung: Die Tiere sollten ein gutes Muttertierverhalten habe, robust und wenig anfällig für Krankheiten sein. Wesentlich ist auch ein gutes Sozialverhalten der Tiere, denn ihre Friedlichkeit ist die Voraussetzung dafür, dass es nicht zu Verletzungen kommt, aber auch der Züchter keine Aggressionen fürchten muss.

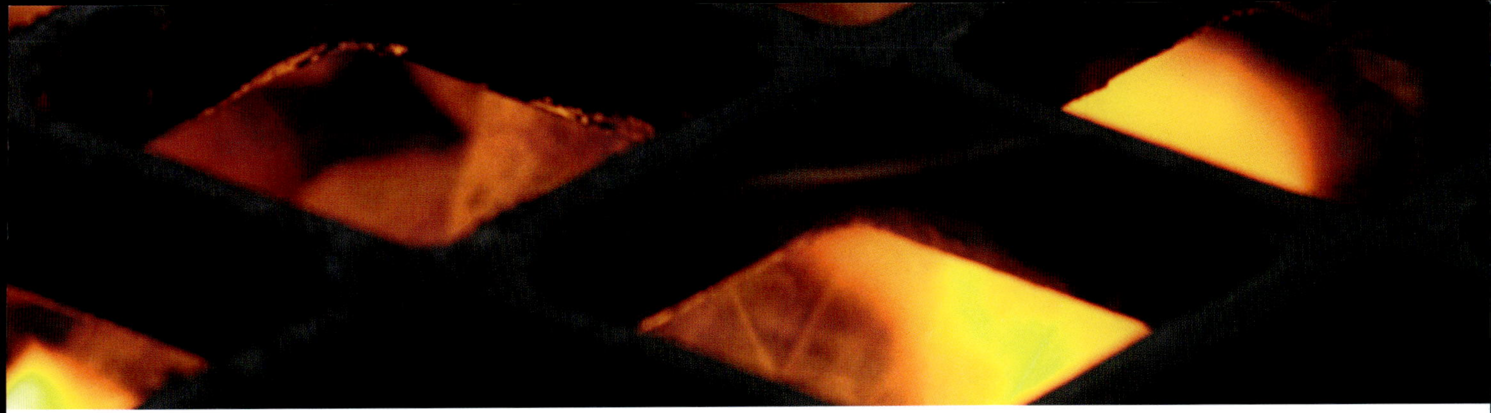

RINDER, SCHWEINE UND GEFLÜGEL ALS FLEISCHLIEFERANTEN

Hereford, Charolais, Black Angus, Limousin und Simmentaler sowie das japanische Wagyu Rind sind die bekanntesten Fleischrassen beim **RIND**. Wagyus, die aus der Region Kobe kommen, kennt man auch als Kobe Rinder.

Die schwarzen Rinder sind Wagyus, die schwarzen mit weißem Kopf Kreuzungen aus Wagyu und Hereford, die braunen Herefords.

Ibérico Schweine

Beim **SCHWEIN** haben nur die alten Rassen Namen. Unter „alt" versteht man in diesem Zusammenhang Rassen, die älter sind als 70 Jahre. Schweine aus der heutigen Massentierhaltung werden als Hybride bezeichnet. Das heisst, es werden immer zwei Rassen miteinander gekreuzt, die die Eigenschaften Gebährfähigkeit, Muskelgröße und Wachstum optimal verbinden. Weltweit ist das Schwein der dominierende Fleischlieferant für den Menschen, es werden fast fünfmal so viele Schweine pro Jahr geschlachtet wie Rinder.

Für den bewussten, kritischen Konsumenten sind deshalb eher die alten Rassen interessant, diese haben ein Nischendasein, sind robust, können also draussen gehalten werden, und zeichnen sich durch eine höhere Fleischqualität aus. Beliebte deutsche Rassen sind das Schwäbisch-Hällische Schwein, wegen seines schwarzen Kopfes auch „Mohrenköpfle" genannt, und das Bunte Bentheimer. Im Ausland sind die bekanntesten Rassen das Bigorre, das schwarze Schwein aus Frankreich, das Ibérico, das ebenfalls schwarze Schwein aus Spanien, das Berkshire, ursprünglich aus England, das heute auf den Speisekarten der Gourmetrestaurants in den USA und Japan zu finden ist, sowie das Duroc, das eine feine Faser hat und weltweit verbreitet ist.

Diese alten Rassen zeichnen sich durch ein langsameres Wachstum und eine höhere Fettmarmorierung im Fleisch aus. So kann das Fleisch Geschmack, Saftigkeit und eine festere Faserstruktur entwickeln, wodurch es in der Pfanne auch nicht schrumpft.

Beim **GEFLÜGEL** hat man die Züchtung nicht so stark vorangetrieben, wie bei den anderen Haustierrassen. Hier sind eher die unterschiedlichen Arten interessant, bei denen man Haustierrassen und Wildrassen unterscheidet. Zu den Haustierrassen zählt das Haushuhn, die Ente, die Gans und die Taube sowie der Truthahn, auch Pute genannt. Den Truthahn gibt es auch als Wildgeflügel, genauso wie den Fasan, das Rebhuhn, die Wachtel, die Schnepfe und das Perlhuhn.

Natürlich gibt es auch beim Geflügel bekannte Rassen, doch diese stehen dann eher für eine bestimmte Region und die gesamte damit verbundene Fleischqualität dieser Gegend. Am bekanntesten ist das A.O.C. Bressehuhn (Appellation d'Origine Contrôlée) aus dem Südosten Frankreichs. Das Huhn in den Nationalfarben Frankreichs – roter Kamm, weißes Federkleid und blaue Füße – darf so genannt werden, wenn es aus der Region Bresse kommt und nach bestimmten Kriterien aufgezogen wird. Dazu zählt unter anderem die Fütterung mit sehr nahrhaftem Getreide und ein Lebensraum pro Tier von circa zehn Quadratmetern. Man sagt, die Hühner in dieser Region würden wie ein alternder Cognac verehrt und wie „verwöhnte Kinder" versorgt.

Bressehuhn

FUTTER

Entscheidend für den Geschmack ist die Fütterung.

Das Fleisch der Tiere, die mit industriell hergestellten Massenfütterungsmitteln versorgt werden, bleibt meist geschmacksfrei. Werden hochwertige und natürliche Mittel gefüttert, schlägt sich dies im Geschmack nieder. Grundsätzlich unterscheidet man zwischen zwei Fütterungsmethoden: der rein natürlichen Fütterung, was beim Rind beispielsweise das Gras wäre, und der Fütterung mit Fütterungsprogrammen, bei der weitere energiereiche Futtermittel zugesetzt werden, wie z. B. Gerste und Mais beim Rind, Eicheln beim Ibérico Schwein oder Mais und Rahm beim Mieral-Huhn. Die für den Gourmet wunderbare Gegebenheit, dass die gewünschte, geschmacksgebende Fütterung Teil der natürlichen Umgebung ist, findet sich nicht oft, aber es gibt sie. Zu den bekanntesten Beispielen zählen die Ibérico Schweine in der Dehesa. Die unüberschaubaren Eichenwälder im Südwesten Spaniens sorgen dafür, dass die Ibérico Schweine keinerlei Zufütterung benötigen, um in den Monaten Oktober bis März Fett und damit Geschmack anzusetzen. Auch das nordamerikanische Prärieland mit unzähligen Wildgräsern und Mineralien sorgt für den leckeren, frischen Geschmack, den das Bison nur dort entwickeln kann.

Einige Fleischsorten, bzw. deren Namen, stehen für das Futter, das die Tiere erhalten haben. Das bekannte Maishähnchen hat also viel Mais bekommen. Die intensiv gelbe Farbe des Maises wirkt sich auf die Farbe des Fleisches aus, es ist gelblich. Amerikanische Rinder stehen für ausgefeilte Fütterungsprogramme mit Mais und Gerste („grain-fed"). Das japanische Kobe Rind wird mit Bier gefüttert und Ibérico Schweine in Bellota-Qualität haben Eicheln gefressen.

Zwar wird die Fütterungssystematik grundsätzlich unterschieden, aber in unseren Tagen besteht Einigkeit darüber, dass die Fütterung mit rein natürlichen Futtermitteln erfolgen sollte. Die Zufütterung von Hormonen wirkt sich zweifelsohne positiv auf die Sensorik aus – das Fleisch hält dadurch mehr Wasser und ist demnach potentiell saftiger. So kommen beispielsweise Steakliebhaber

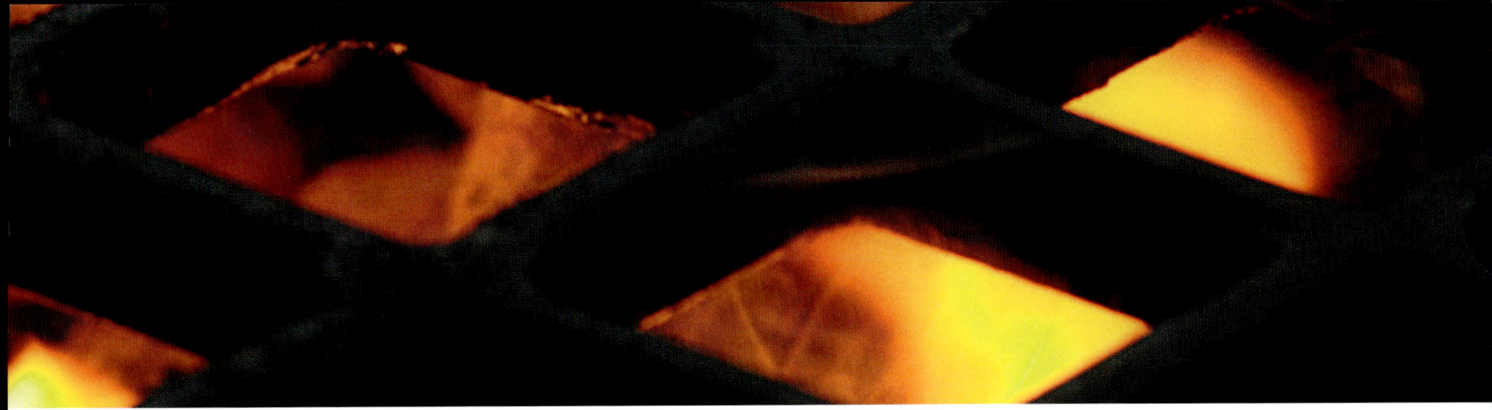

in den klassischen Steakhäusern der USA ins Schwärmen, denn dort wird überall hormonbehandeltes Fleisch angeboten. Ein riskantes Unterfangen, denn mit unserem heutigen Wissensstand können wir nicht abschließend beurteilen, welche Auswirkungen der Verzehr dieses Fleisches für unsere Entwicklung und den Erhalt unserer Gesundheit hat. Diese Meinung vertreten auch die europäischen Gesetzgeber und deshalb ist zum Schutz der Bevölkerung der Verkauf von hormonbehandeltem Fleisch in der Europäischen Union verboten worden. Die Gesetzgeber in den USA haben hierzu eine andere Auffassung und deshalb gibt es derartige Reglementierungen in den Staaten derzeit noch nicht. Hier darf hormonbehandeltes Fleisch verkauft werden.

Ibérico Schweine

SCHLACHTUNG UND SCHLACHTALTER

Sowohl die Zartheit als auch die Saftigkeit des Fleisches werden durch das Schlachtalter beeinflusst.

Rinder sind ebenso wie Schweine mit 12 Monaten ausgewachsen. Rinder, die für den Massenmarkt aufgezogen wurden, werden im Alter von 12 bis 15 Monaten geschlachtet. Bei Schweinen liegt das Schlachtalter zwischen sechs und neun Monaten. Die Rinder der führenden Züchter, die für den Gourmet-Markt relevant sind, werden wesentlich später geschlachtet. Sie erreichen ein Lebensalter zwischen 24 und 30 Monaten. Das berühmte Wagyu Rind wird in der Regel sogar nicht vor dem 36. Monat geschlachtet. Das Ibérico Schwein der Top Züchter wird im Alter zwischen 18 und 24 Monaten geschlachtet.

Die Auswirkungen des Schlachtalters auf die Qualität ist folgendermaßen zu erklären: Rind und Schwein befinden sich bis zum 12. Monat in der Wachstumsphase. Die Tiere sind dann noch nicht ausgewachsen und alle aufgenommene Energie wird in Wachstum umgesetzt. Erst wenn sie ausgewachsen sind, also nach dem 12. Monat, kann die aufgenommene Energie in den Aufbau von Fettreserven, also in den Aufbau von intramuskulärem Fett, gesteckt werden. Der Grad der Fleischmarmorierung hängt ganz entscheidend von der Zeit ab, die dem Tier zur Verfügung steht, dieses Fett aufzubauen. Außer Frage steht natürlich, dass es auch eine Begrenzung des Schlachtalters nach oben gibt. Wenn die Tiere zu alt sind, wird das Fleisch grobfaserig und büßt an Zartheit ein. Diesen Zusammenhang kann man beim Wildrind Bison sehr gut erkennen. So werden Bisons für qualitativ hochwertiges Fleisch nur zwischen ihrem 24. und 30. Lebensmonat geschlachtet.

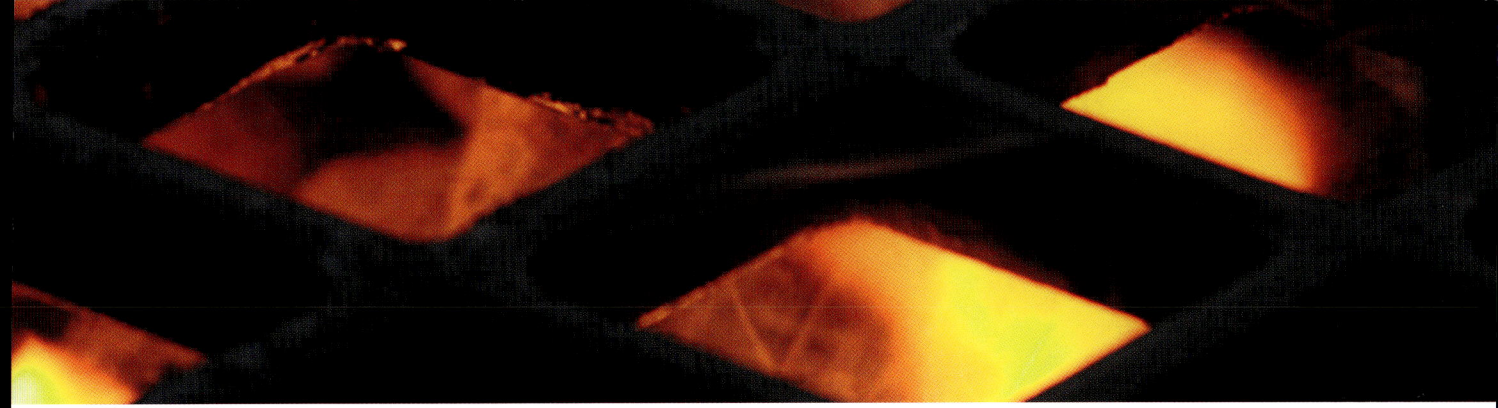

Hühner erreichen ihr Schlachtgewicht bereits nach wenigen Wochen. Hier weist die Namensgebung darauf hin, wie schwer – und damit auch wie alt – sie bei der Schlachtung waren. Am frühesten werden die Stubenküken geschlachtet, für die vor allem im Gourmet-Bereich Nachfrage besteht. Sie werden in der Regel nicht älter als einen Monat. Circa vier Wochen später wird das Hähnchen geschlachtet. Dieses kann übrigens männlich oder weiblich sein. Werden die Tiere noch einmal zwei bis sechs Wochen älter, manchmal auch darüber hinaus, werden sie als Poularden oder auch Masthähnchen bezeichnet. Am ältesten werden die sogenannten Suppenhühner. Diese sind Legehennen, die nach 12 bis 15 Monaten geschlachtet werden. Letztere eignen sich allerdings nicht fürs BBQ, sondern, wie ihr Name schon sagt, nur für die Suppe.

Da die Hormone, die sich durch Stress bilden, negative Auswirkungen auf die Fleischqualität haben, muss sowohl vor als auch während der Schlachtung dafür Sorge getragen werden, Stresssituationen für die Tiere zu vermeiden. So achten gute Züchter darauf, dass die Tiere vor der Schlachtung entweder nur kurze Transportwege haben oder, falls sie länger transportiert werden müssen, dass den Tieren genügend Zeit gegeben wird, um sich wieder zu beruhigen.

Aus Frankreich sind die Bluttaube und die Blutente bekannt. Diese Tiere werden nicht geschlachtet, sondern erstickt. Das Blut bleibt dabei in den Adern, wodurch das Fleisch eine intensivere rote Farbe bekommt, aber auch mehr Geschmack. In Deutschland ist diese Tötungsweise verboten.

REIFUNG

Es gibt zwei Gründe für die Reifung von Fleisch, insbesondere von Rindfleisch.

Durch die Reifung wird das Fleisch zarter. Reift es an der Luft – was man auch als Reifung am Knochen bezeichnet –, dann hat dieser Prozess auch positive Auswirkungen auf den Geschmack.

Der Reifungsprozess des Fleisches kann entweder im Vakuum geschehen, oder an der Luft, was allerdings nur sehr selten praktiziert wird. Das Reifen im Vakuum ist heute die gängigste Methode. In der englischsprachigen Welt unterscheidet man die beiden Verfahren als wet-aging und dry-aging.

REIFEN IM VAKUUM

Lässt man das Fleisch im Vakuum reifen, dann vakuumiert man die einzelnen Teilstücke nach der Zerlegung luftdicht und lagert sie dann kontrolliert und gekühlt. Das Fleisch wird durch das Aufbrechen der Eiweißenzyme zarter. Heute wird die Reifung in der Regel nur noch beim Rindfleisch angewandt. Beim Schwein bringen beispielsweise nur die alten Rassen die Voraussetzungen mit, überhaupt reifen zu können. Die modernen, hochgezüchteten Rassen müssen nach der Schlachtung sofort verarbeitet werden.

Wie man in Studien nachlesen kann, ist der Reifungsprozess beim Rindfleisch bei einer Lagertemperatur von + 2 °C nach genau vier Wochen beendet. Das bedeutet, dass man unter Umständen eine Geschmackseinbuße riskiert, wenn man das Fleisch vor dem 28. Tag verzehrt, denn es hat dann noch nicht die maximal mögliche Reife erreicht. Eine Reifung, die über diese vier Wochen hinausgeht, wirkt sich allerdings im Hinblick auf die Zartheit nicht weiter aus. Bis zu dem Zeitpunkt, zu dem das Fleisch nicht mehr geeignet ist für den menschlichen Verzehr, geht die kontrollierte Verwesung weiter. In der Regel

bekommt das Fleisch vom Produzenten ein Mindesthaltbarkeitsdatum von drei Monaten, vorausgesetzt, es wird in seiner ursprünglichen Vakuumverpackung und unter Einhaltung der Kühlkette gelagert. Sobald das Fleisch aus dem Vakuum genommen wird, verkürzt sich seine Mindesthaltbarkeit, denn die Reifung hängt sehr stark von der Temperatur und vom Kontakt mit der Luft ab. Dies ist insbesondere relevant für die Lagerung in Verkaufstheken, in denen höhere Temperaturen herrschen.

Auch Geflügel ist, wie die meisten Schweine, nach der Schlachtung nur wenige Tage haltbar und benötigt keine ausdrückliche Reifezeit, um zarter zu werden. In Frankreich findet man ab und zu noch Fleischenthusiasten, die auch Geflügel für mehrere Wochen reifen lassen, dies geschieht aber nicht, um das Fleisch zarter zu machen, sondern, um den Geschmack zu intensivieren. Dieses Geflügel reift an der Luft. Damit dies möglich ist, werden Kopf und Füße, sowie die essbaren Innereien am Tier belassen. Durch einen kleinen Schnitt werden lediglich die nicht essbaren Teile entnommen. So erreicht man, dass das geschlachtete Tier nur eine sehr geringe Angriffsfläche für Bakterien bietet, was eine längere Reifung ermöglicht.

Ein weiteres Qualitätsmerkmal bei geschlachtetem Geflügel ist die Unterscheidung, ob das Tier trocken oder unter Einsatz von heißem Wasser gerupft wurde. Das Trockenrupfen ist die qualitativ bessere Variante, es ist zwar aufwändiger, hat aber den Vorteil, dass die Tiere nicht so schnell verkeimen, wie es durch Feuchtigkeit und Nässe der Fall wäre.

REIFEN AN DER LUFT

Die traditionelle Methode der Reifung ist das Reifen am Knochen an der Luft. Bekannt geworden und perfektioniert wurde dieses Verfahren für das Rindfleisch in den USA. Fleischliebhaber kennen von eigenen Besuchen oder aus TV-Reportagen US-amerikanische Steakhäuser, die Porterhouse Steaks, Ribeyes, Shell Steaks oder T-Bone Steaks in eigenen Reifekammern reifen lassen. Auch wenn dieses Verfahren momentan in Deutschland eine Renaissance erfährt, ist es trotzdem schwierig, am Knochen gereiftes Fleisch fürs BBQ zu

finden, denn für den Produzenten überwiegen die Nachteile. Er muss beispielsweise mehr Kühlraumkapazitäten vorhalten. Im Vakuum gelagertes Fleisch kann in Kisten verpackt gestapelt werden. Während der Luftreifephase ist dies nicht möglich, weil die Luft frei um das Fleisch zirkulieren muss.

Unabhängig davon wird der Steakliebhaber bei den wenigsten Metzgern im Vakuum gereiftes Fleisch finden – und schon gar nicht im Supermarkt. Denn selbst die Lagerung im Vakuum macht das Fleisch für den Normalkonsumenten oftmals zu teuer und das teurere Fleisch bleibt meist in der Kühltheke liegen.

Neben der längeren, aufwändigen Lagerung verliert das Fleisch zudem auch noch an – verkaufbarem – Gewicht. Zum einen verringert sich der Wassergehalt, wodurch das Fleisch etwas fester wird. Zum anderen trocknet das Außengewebe entweder zu stark aus oder es wird mit Schimmel belegt. Zwar handelt es sich dabei um gutartigen Schimmel – der Geruch in einer solchen Kammer erinnert sehr stark an Käseschimmel – aber vor Verzehr und damit vor Verkauf muss das ausgetrocknete und verschimmelte Fleisch abgeschnitten bzw. pariert werden. Verkaufsfähig bleiben nur 50 bis 70 Prozent des ursprünglich vorhandenen Gewichtes. Dies schlägt sich natürlich im Verkaufspreis nieder. Und den sind nur wenige Gourmets zu zahlen bereit. Für den Massenmarkt ist dieses Verfahren demnach nicht praktikabel.

Aber auch, wenn der Preis entsprechend höher ist, sollte der Fleischliebhaber dieses Fleisch trotzdem einmal probieren, denn an der Luft gereiftes Fleisch eröffnet völlig neue sensorische Dimensionen. Das Fleisch bekommt einen intensiven Geschmack mit einer süßlichen Note.

DER OPTIMALE REIFEGRAD

Wenn es darum geht, den optimalen Reifezeitpunkt zu bestimmen, scheiden sich die Geister, denn er hängt ab von der gewünschten Geschmacksintensität und der Saftigkeit bzw. von der Zartheit. Die beiden Effekte, die sich bei der Fleischreifung einstellen, sind zum einen die Zunahme des Geschmacks. Zum anderen verliert das Fleisch aber auch Wasser und deshalb trocknet es

aus. Dies hat zur Folge, dass das Fleisch umso fester wird im Biss, desto länger es reift. Würde man die Reifung des Fleisches über Monate bis Jahre verlängern, erhielte man einen luftgereiften Schinken. Dieser kann zwar sehr lecker sein, ist aber als Steak auf dem Grill zu fest, und auch im Smoker bekommt man ihn nicht mehr zart.

Aber auch kulturelle Aspekte spielen bei der Beurteilung des richtigen Reifegrades und der entsprechenden Methode eine Rolle. So ist bei US-Amerikanern das Dry-aging-Verfahren viel beliebter, hier steht also der Geschmack im Vordergrund. In den Staaten wird demnach bei einem Stück Fleisch der festere Biss nicht negativ beurteilt. Aber auch für den Amerikaner hat das Dry-aging eine Obergrenze, normalerweise wird das Fleisch für 28 bis 35 Tage gereift, es gibt Ausnahmen, bei denen die Reifezeiten 40, 50 oder 60 Tagen betragen. Für den Deutschen steht die empfundene Zartheit des Fleisches an erster Stelle, somit verzichtet man lieber auf etwas Geschmack, wenn man stattdessen ein zarteres, saftiges Stück erhält.

Luftgereiftes Fleisch, das auf dem deutschen und europäischen Markt angeboten wird, ist normalerweise 21 Tage lang gereift. Fleisch, das länger am Knochen gereift ist, wird in der Regel geschützt, indem man es beispielsweise so zuschneidet, dass es mit einer dicken Fettschicht überzogen ist. Dadurch ist es so versiegelt, dass es nur wenig Geschmack annehmen und auch nicht austrocknen kann.

Bei Geflügel, Lamm und Kalb sind die Tiere bei der Schlachtung so jung, dass sie zum einen noch eine sehr feine Faser haben und deshalb keine Reifung brauchen, um zarter zu werden. Des weiteren will man gerade bei Lamm und Kalb einen sehr feinen, dezenten Geschmack haben, sodass eine Geschmacksverstärkung durch die Reifung nicht gewünscht ist.

HERKUNFT

RINDFLEISCH, SCHWEINEFLEISCH UND GEFLÜGEL

Skandale um Gammelfleisch und Dioxin im Tierfutter, die Missstände bei der Aufzucht, auf die Tierschutzorganisationen immer wieder hinweisen, das Eintreten der Slow-Food-Bewegung für den bewussten Umgang mit Nahrungsmitteln jeglicher Art und die Rückkehr zum regionalen Produkt sind Faktoren und Signale, die für die Kaufentscheidung des Endverbrauchers eine immer größere Relevanz bekommen. Die Menschen wollen wissen, woher die Lebensmittel und insbesondere das Fleisch stammen, das sie essen. Unsere Spezies ernährt sich zwar seit zehntausenden von Jahren von Fleisch, die maßlose Übertreibung bei der Massentierhaltung und deren erschütternden Folgen insbesondere für Schweine, Geflügel und Rinder tritt allerdings erst seit einigen Jahren stärker ins Bewusstsein. Die Konsequenzen, die die Verbraucher daraus ableiten, sind unterschiedlich. Einige nehmen Einfluss, indem sie „angeklagte" Fleischprodukte nicht mehr kaufen, sei es nur temporär als Reaktion auf einen unmittelbar aufgedeckten Skandal oder ganz grundsätzlich.

Die Morgan Ranch in Nebraska

Nur die wenigsten Verbraucher haben das Glück, vor ihrer Haustür beste Rindfleischqualitäten zur Verfügung zu haben. Außer Irland gibt es in Europa keine ausgewiesene Rinderzuchtnation, die für sehr gute Fleischqualitäten steht. Züchter in Deutschland, die ihre Tiere mit Achtung aufziehen, haben in der Regel nur ein paar Schlachttiere pro Jahr und wenn man den Züchter nicht persönlich kennt, hat man keine Chance, dieses Fleisch kaufen zu können.

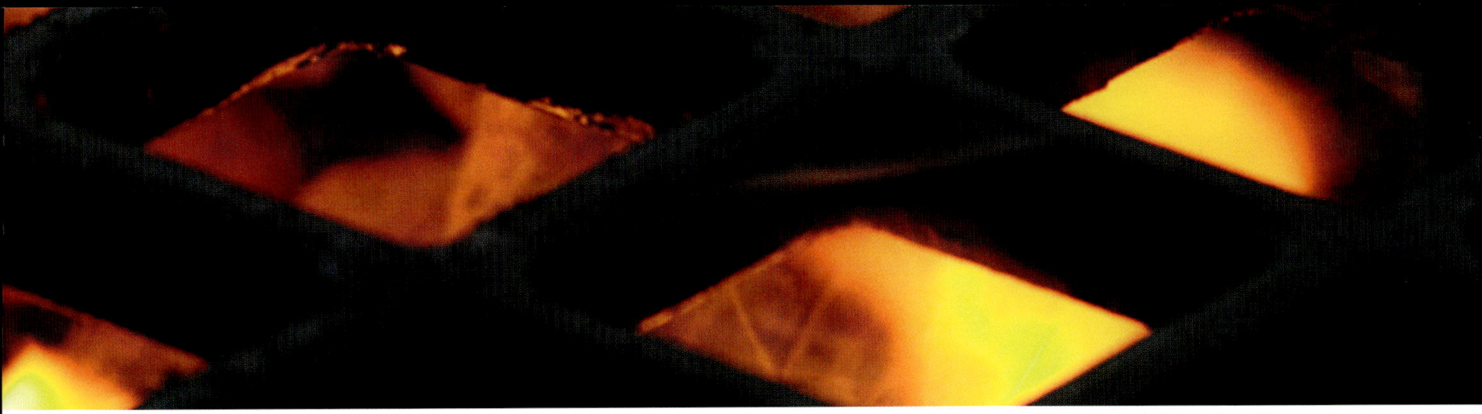

Schaut man sich in der Welt um, gibt es allerdings durchaus Regionen, in denen Tiere artgerecht gehalten werden, und wo es aufgrund des Platzangebotes möglich ist, eine größere Anzahl zu züchten und zu schlachten. USA, Kanada, Südamerika und Australien verfügen über scheinbar unbegrenztes Weideland, auf dem Rinder extensiv, ganzjährig draußen gehalten werden können. Spanien mit seinen riesigen Eichenwäldern liefert halbwilde Ibérico Schweine und in der Bresse in Frankreich hat ein A.O.C.-Huhn wie bereits erwähnt zehn Quadratmeter Lebensraum. Damit wird die EU-Richtlinie, die vorgibt, dass Hühner mindestens ein DIN-A4-Blatt Platz haben müssen, mehr als deutlich übertroffen.

So wird es auch zukünftig ein Faktum sein, dass der Fleischliebhaber, wenn er bestes Fleisch will, nicht regional, sondern global einkauft. Damit brauchen wir den Händler oder Metzger unseres Vertrauens, der sicherstellen kann, dass unsere Vorstellungen von Herkunft und artgerechter Haltung bei dem Fleisch, das wir essen, umgesetzt sind.

Ibérico Schweine

EIN WORT ZUM FISCH

Während der Mensch durch Züchtung, Fütterung und bewusste Bestimmung des Schlachtalters sowie Reifung sehr viel Einfluss auf die Fleischqualität nimmt, vertraut man beim Fisch immer noch mehr der Natur als der Menschenhand. Der beste Fisch ist der wild gefangene. Handelt es sich um Zuchtfisch, soll er möglichst wie ein Wildfisch gehalten werden. Diese Art der Aufzucht bezeichnet man häufig auch als nachhaltige Produktion.

Ausschlaggebend für die Qualität der Fische ist neben einer Wasserqualität, in der sich die Fische wohlfühlen und bei der keinerlei Schadstoffbelastung vorliegt, auch die Wassertemperatur. Je kälter das Wasser und je gleichbleibender die Temperatur, desto langsamer und kontinuierlicher wächst der Fisch. Der Gourmet erhält dann einen Fisch mit bissfestem Fleisch. Neben den Wasserverhältnissen bestimmt natürlich auch das Futter den Geschmack des Fisches. Die Natur mit ihrem wechselnden Speiseplan ist verantwortlich dafür, dass der Fisch gut schmeckt. Anders als beim Fleisch ist der Fisch umso besser, je frischer er ist, weil er keiner Reifung bedarf. Wenn er richtig eingefroren und aufgetaut wird, dann ist der Fisch, der auf dem Fangboot direkt schockgefrostet wird, der frischeste, den man bekommen kann.

Ganz entscheidend ist für den Gourmet auch die Größe des Fisches: je größer, desto höher sind auch die Filets oder Rückenstücke. Dies erleichtert das Anrichten und die Präsentation auf dem Teller und macht es einfacher, den richtigen Garpunkt zu treffen. Insbesondere in der Spitzengastronomie ist dieser Aspekt ganz wesentlich und dort bezahlt man für eine gewisse Größe entsprechend hohe Preise. In Japan werden für beste Qualitäten Preise aufgerufen – und auch bezahlt –, die für den Westeuropäer kaum vorstellbar sind. So ersteigerten zwei japanische Gastronome im Januar 2011 einen Blauflossen-Thunfisch mit dem außergewöhnlichen Gewicht von 342 kg für umgerechnet 300.000 Euro, was einem Kilo-Preis von gut 900 Euro entspricht. Ganz unabhängig von der Größe steht der Blauflossen-Thunfisch auf der Roten Liste der vom Aussterben bedrohten Arten der IUCN (Weltnaturschutzorganisation).

Ein weiteres Kriterium, das die Qualität bestimmt, ist auch die Unversehrtheit des Fisches. Hat er Druckstellen, die beispielsweise durch Netzfang entstehen, kann das die gewünschte gleichbleibend feste Konsistenz negativ beeinträchtigen.

Die stetig größer werdende Nachfrage nach Fischen aus nachhaltiger Aufzucht sowie der Verzicht des Fangs gefährdeter Arten zeigen unser Bewusstsein für eine intakte Umwelt. Organisationen wie das Marine Stewardship Council geben dem Verbraucher diesbezüglich Entscheidungshilfen beim Einkauf.

Fischarten, die sich besonders gut für das BBQ eignen, gibt es eigentlich nicht. Grillen kann man grundsätzlich jeden Fisch. Wichtig ist allerdings, auf die Zubereitungsart zu achten. So gibt es Fische, die man besser im Ganzen grillt, andere wiederum bereitet man mit, wieder andere ohne Haut zu. Fische mit groben Schuppen isst man in der Regel ohne Haut, auch wenn sie vor der Zubereitung gründlich entschuppt wurden, denn die grobe Haut beeinträchtigt das Geschmackserlebnis. Hier ist die Konsistenz des Grillgutes und der richtige Garpunkt entscheidender als die Fischart.

DIE SUCHE NACH DER BESTEN QUALITÄT

Wenn man nun beim Einkauf „alles richtig" gemacht hat ... – das heißt, wenn die Wahl der Rasse stimmt, die artgerechte Aufzucht, eine ausgewogene Fütterung und das optimale Schlachtalter gegeben waren und gegebenenfalls auch die Reifung unter den genannten Voraussetzungen abgelaufen ist, wie schafft man es nun, dieses Produkt auf den Grill zu bekommen, ohne dass es an Qualität verliert?

Beim Kauf von frischem Fleisch ist das Zeitfenster für den Einkauf umso kleiner, je mehr auf die optimale Qualität geachtet wird. Das kann zwar klappen, ist aber realistischer Weise für die meisten Käufer nicht umsetzbar. Beim Fisch ist die Zeitspanne noch knapper, auch wenn die Kühlkette optimal eingehalten wird, verliert der Fisch schon nach zwei-, spätestens drei Tagen deutlich an Qualität.

Durch die Weiterentwicklung des Schockfrostverfahrens in den letzten Jahren wird dem Fleisch- und Fischliebhaber eine Alternative zu frischen Produkten gegeben.

Die Amerikaner bezeichnen dieses Verfahren als fresh-frozen, frisch eingefroren oder freier übersetzt: Produkte, werden zum optimalen Reifezeitpunkt mit dem Ziel schockgefrostet, die beste Qualität des Produktes zu versiegeln. Seltenes, zerlegtes Geflügel, das extrem anfällig für eine schnelle Verkeimung ist, kann so gekauft und dann verzehrt werden, wenn man die Zeit und Ruhe hat, um es zuzubereiten. Beim Rindfleischsteak kann so gewährleistet werden, dass der Steakliebhaber es nach einer abhängig vom Reifeverfahren optimalen Reifezeit verzehren kann. Beim Ibérico Schwein hat man die Gewähr, dass die Schweine nach einer optimalen Mast mit Eicheln über einen Zeitraum von drei bis fünf Monaten geschlachtet werden und so das Gütesiegel „Bellota-Qualität" erhalten. Nur Ibérico Schweine, die in den Monaten Januar bis März geschlachtet werden, haben diese höchste Qualitätsstufe.

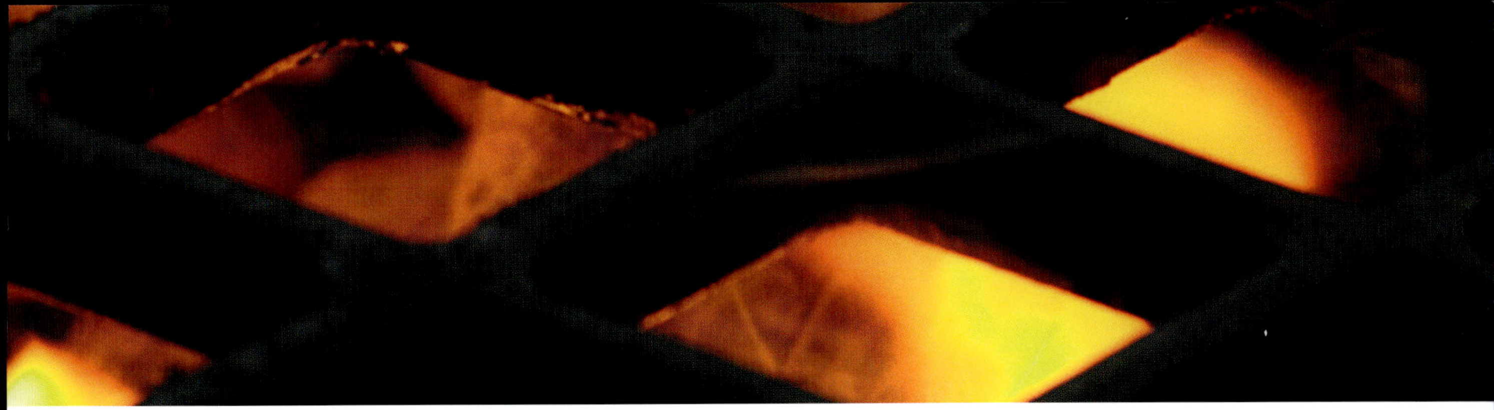

In der Vergangenheit wurde gefrorenes Fleisch prinzipiell schlechter eingestuft als frisches Fleisch. Es hatte auf den Grills ambitionierter BBQ-Fans nichts zu suchen. Früher hatte dies sicher auch seine Berechtigung, da die Technik des Einfrierens noch unzureichend war. Gefrieren Produkte zu langsam, bilden sich große Eiskristalle im Gewebe, die die Zellen zerstören, und man hat den Effekt, dass beim Auftauen viel Flüssigkeit austritt. Dadurch wird das Fleisch beim Braten schnell trocken und Bakterien und Keime können sich in den beschädigten Zellen schneller ausbreiten.

Beim Schockfrostverfahren gefriert das Produkt so schnell, dass man keine Qualitätseinbußen befürchten muss, weil die Eiskristallbildung reduziert wird. Es muss nur darauf geachtet werden, das Fleisch richtig aufzutauen. Dies sollte langsam und bei niedriger Temperatur geschehen, also am besten im Kühlschrank. Bei zu schnellem Auftauen, z. B. bei Zimmertemperatur, würden sich wieder Eiskristalle bilden, die dann die Zellen mit den negativen Begleiteffekten beschädigen.

Der Fisch wird innerhalb von wenigen Minuten nach dem Fang direkt auf dem Boot oder spätestens an dem Tag, an dem das Boot in den Hafen kommt, schockgefrostet, um die optimale Frische zu erhalten.

Je höherwertiger und seltener ein Produkt ist, desto größer ist die Wahrscheinlichkeit, dass es fresh-frozen, also schockgefrostet angeboten wird.

BEZUGSQUELLEN

Steak- und Fischliebhaber, die qualitativ hochwertige Produkte für ein BBQ suchen, können sich zwischen zwei Bezugsquellen entscheiden: Soll regionales Fleisch oder heimischer Fisch auf den Rost, dann führt der Weg zum Metzger bzw. Fischhändler des Vertrauens, der hoffentlich die Fragen nach den wesentlichen Kriterien, die für die Qualität seiner Waren ausschlaggebend sind, zufriedenstellend beantworten kann. In manchen Landstrichen ist es auch möglich, eine Bezugsquelle direkt beim regionalen Züchter oder Fischer zu finden.

Wer, wie der französische Spitzenkoch Daniel Boulud, beispielsweise im Fischbereich nur das Beste haben will, der baut auf einen persönlichen Kontakt zu den Fischern, denen er vertraut. Wenn man Fisch haben möchte, ruft man die entsprechenden Fischer an, bevor sie in den Hafen zurückkommen, klärt mit Ihnen, dass man den besten Fisch aus dem Fang haben möchte, und lässt sich diesen dann mit einem Expressversender zum nächsten Tag zuschicken.

Das ist sicherlich ein aufwändiges Procedere, das nicht für jeden praktikabel ist. Alternativ kauft man international anerkannte Spitzenqualitäten auch bei Versendern, die unter Wahrung der Kühlkette Fleisch und Fisch für den Gourmet auch nach Hause schicken. Genau wie bei der Auswahl einer regionalen Bezugsquelle ist auch bei den Versendern darauf zu achten, dass die Kriterien, die für die Qualität der Produkte verantwortlich sind, plausibel nachvollzogen werden können. Qualität hat natürlich ihren Preis und prinzipiell gilt: Je höher die Qualität, desto höher der Preis. Da es nur wenige Verbraucher gibt, die sich beste Qualitäten jeden Tag leisten können, sollte man sich auf frühere Zeiten besinnen, zu denen Fleisch noch die Ausnahme auf dem wöchentlichen Speiseplan war und es lieber etwas weniger und seltener essen, sich stattdessen aber für die höhere Qualität entscheiden.

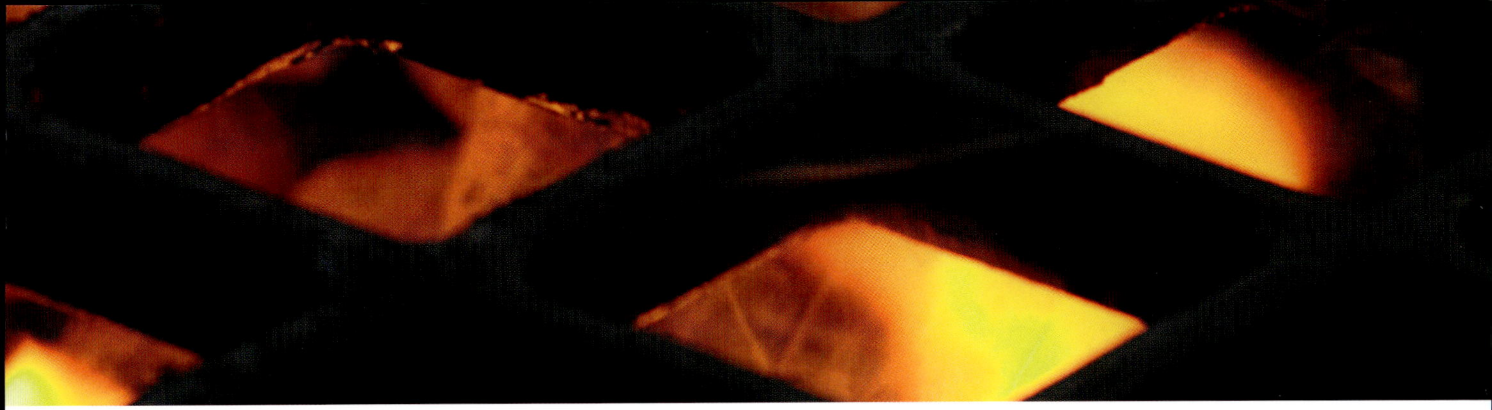

DIE RICHTIGE ZUBEREITUNG BEIM BBQ

Grundregeln

DIREKTES GRILLEN 200 °C–350 °C

Alles was sich Kurzbraten lässt, eignet sich zum direkten Grillen. Ob es nun Filet, Entrecôte, Roastbeef, Hüft- oder zarte Schultersteaks vom Rind sind, Filet und Rückensteaks vom Lamm und Schwein oder zarte Geflügelstücke wie die Brust – die Auswahl ist riesig. Das Fleisch muss bei dieser Zubereitungsart unbedingt zart sein, denn das Grillen dient hier nur dazu, dem Fleisch die Röstaromen und die Temperatur zu geben.

SO FUNKTIONIERT ES

Beim direkten Grillen wird das Grillgut direkt über der Hitzequelle gegart. Entweder – wie beim Holzkohlegrill – direkt über den glühenden Kohlen oder – wie beim Gasgrill – direkt über dem Brenner. Die Gefahr beim direkten Grillen liegt darin, dass das Grillgut sehr schnell verbrennen kann oder trocken wird. Außerdem entsteht bei den meisten Grills bei dieser Methode durch das in die Kohlen tropfende Fett der gesundheitsschädliche Fettbrand.

INDIREKTES GRILLEN 160 °C–220 °C

Vom Prinzip her nimmt man für das indirekte Grillen auch die zarten Stücke. Der Unterschied zum direkten Grillen besteht darin, dass man hier große Stücke verwendet. Zum indirekten Grillen eignet sich beispielsweise ein komplettes Roastbeef oder ein Filet am Stück, ein ganzer Lammrücken mit Knochen, ein Lammkarree oder eine Lammschulter, ganze Enten, Puten oder Wachteln. Diese Stücke brauchen aufgrund ihrer Größe Zeit, um den Garpunkt zu erreichen. Würde man sie ausschließlich über direkter Hitze grillen, wären sie von außen verbrannt, bevor sie die richtige Kerntemperatur erreichen.

SO FUNKTIONIERT ES

Bei dieser Zubereitungsart liegt das Grillgut nicht direkt über der Hitzequelle, sondern in dem Bereich daneben, ohne unmittelbare Hitze darunter. Das wichtigste Utensil beim indirekten Grillen ist der Deckel. Es gibt verschiedene Methoden des indirekten Grillens. Beim Holzkohlegrill ordnet man die Holzkohle links und rechts im Grill an und legt das Grillgut in die Mitte, sodass keine direkte Hitzeeinwirkung von unten entsteht. Durch das Schließen des Deckels entsteht eine Luftzirkulation ähnlich der eines Umluftherdes. Man kann bei größeren Fleischstücken oder ganzem Geflügel auch nur eine Seite des Grills mit Holzkohle bestücken und erhält so eine noch größere Fläche zum indirekten Grillen. Beim Gasgrill werden entsprechen nur einer oder zwei Brenner gezündet und das Grillgut liegt in dem Bereich, in dem kein Brenner läuft.

SMOKEN 90–160 °C

„Low and slow" – für das Warmräuchern eignen sich Stücke mit viel Bindegewebe (auch Kollagen genannt). Durch den über Stunden andauernden Garprozess verwandelt sich Kollagen in biss-zarte Gelatine. Deshalb verwendet man zum Smoken meist auch preisgünstigere Stücke, die für die anderen Zubereitungsarten nicht geeignet sind. In der Regel sind dies die Muskelpassagen, die das Tier besonders beanspruchen muss. Seien es nun Nacken, Brust- oder Schulterstücke – der langsame Garprozess eignet sich dazu, jedes Stück zart und kaubar zu machen.

Die bekanntesten Stücke sind das Brisket (Brustspitz) vom Rind, die Schweineschulter (für Pulled Pork) oder auch Rippchen. Es eignen sich aber auch Ochsenkarree, Lammhälse oder Geflügel.

SO FUNKTIONIERT ES

Es gibt zweierlei Arten von Smokern, Horizontalsmoker und Vertikalsmoker. Das Prinzip ist bei beiden Arten gleich, das Grillgut hat keinerlei Kontakt mit der Hitzequelle. Es wird nur durch die konstant mäßige Temperatur und den Rauch gegart. Dadurch lassen sich auch Fleischstücke zubereiten, die sonst stundenlang gekocht werden müssen.

Beim Horizontalsmoker wird in der Side- oder Firebox ein kleines Feuer geschürt, der Rauch und die warme Luft ziehen durch die Garkammer und garen das Fleisch. Beim Vertikalsmoker wird durch Holzkohle im unteren Teil des Grills die gewünschte Hitze erzeugt, darüber befindet sich eine Schale mit Wasser, die die direkte Hitze abkoppelt. Darüber liegt das Grillgut, das auch hier sanft gegart wird. Um den gewünschten Rauchgeschmack zu erhalten, gibt man feuchte Holzchips z. B. von Buche, Eiche oder Obsthölzern dazu.

Die Kunst des Smokens liegt darin, die Temperatur und den Rauch konstant zu halten.

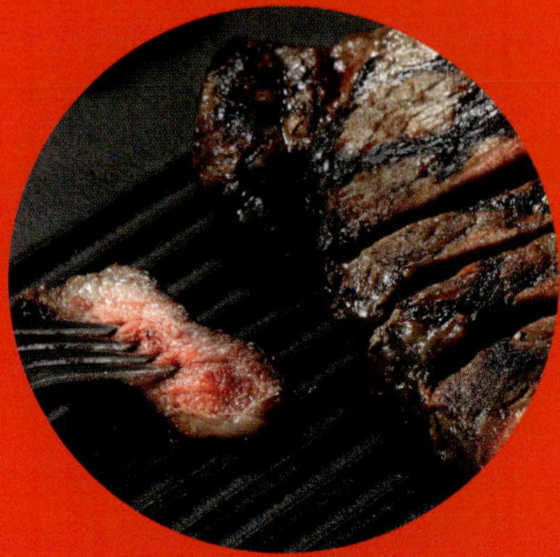

RIND

BURGER DE LUXE

4 PORTIONEN

ZUTATEN

500	g	Rinderhack
4		Burger-Brötchen
2		Schalotten, gehackt
1		Bio-Orange, Abrieb und Saft
2	EL	Trüffelbutter (oder 1 TL Trüffelöl)
50	g	getrocknete Tomaten in Öl
8	EL	alter Balsamico
1		Trüffel
4	Scheiben	Brie
		eine Handvoll Rucola

ZUBEREITUNG

Die Schalotten klein hacken und in einer Pfanne in der Trüffelbutter anschwitzen, die getrockneten Tomaten klein schneiden und dazugeben, genauso den Abrieb und den Saft der Orange. Alles mit Balsamico aufgießen und reduzieren lassen.

Nun das Hackfleisch in vier gleich große Pattys formen, salzen und pfeffern und von jeder Seite etwa zweieinhalb Minuten direkt grillen. Die Brötchen aufschneiden und für die letzte Minute mit auf den Grill legen.

Die reduzierte Balsamico-Sauce auf die Burger-Brötchen streichen, Rucola darüber streuen, dann das gegrillte Patty und den Brie darauf legen und zum Schluss einige Scheiben Trüffel darüber hobeln und mit der oberen Brötchenhälfte bedecken.

Und fertig ist der leckerste Burger der Welt ...

PORTERHOUSE STEAK KANSAS STYLE

4 PORTIONEN

ZUTATEN

2		Porterhouse Steaks à circa 800 g
2	EL	Knoblauchpulver
2	TL	Chili-Flocken
2	EL	Meersalz
2	EL	schwarzer Pfeffer
3	EL	brauner Zucker
3	EL	Paprikapulver
3	EL	Worcester Sauce

ZUBEREITUNG

Alle Zutaten – bis auf die Steaks – in einer Schüssel miteinander verrühren, die Steaks damit bestreichen und drei Stunden im Kühlschrank marinieren. Den Grill vorbereiten und die Steaks sechs Minuten pro Seite direkt grillen. Noch einmal mit etwas Meersalz bestreuen und kurz ruhen lassen. Dann schneidet man die Steaks in circa ein Zentimeter dicke Scheiben und verteilt sie auf vier Tellern.

ZUTATEN

4		Rumpsteaks à 250 g
5	EL	brauner Zucker
3	EL	Bourbon Whiskey
10	EL	Cola
3	EL	Worcester Sauce
3	EL	Soja Sauce
2	TL	Zitronenabrieb
3	TL	schwarzer Pfeffer

ZUBEREITUNG

Die Zutaten – bis auf das Fleisch – in eine flache Schüssel geben und bei Zimmertemperatur gut verrühren. Die Rumpsteaks für mindestens sechs Stunden darin marinieren. Das Fleisch nach dem Marinieren trocken tupfen und von jeder Seite drei Minuten direkt grillen. Die restliche Marinade auffangen und kurz aufkochen. Die Steaks vom Grill nehmen und in eine warme Schale geben. Die aufgekochte Marinade darüber gießen und vor dem Servieren fünf Minuten ruhen lassen.

STRIPLOIN IN COLA-WHISKEY-MARINADE

4 PORTIONEN

US BEEF HÜFTRÖLLCHEN

ZUTATEN

1	kg	US Beef Steakhüfte
200	g	Blattspinat
500	g	Frühstückspeck in Scheiben
5		Knoblauchzehen
		Olivenöl
		Salz
		Pfeffer

Zum Grillen eignen sich Metallspieße, am besten Doppelspieße.

Zum Servieren steckt man die Röllchen dann auf kleine Holzspieße.

ZUBEREITUNG

Die Hüfte in circa 2 x 3 Zentimeter große Würfel schneiden.

Den Knoblauch klein hacken und die Spinatblätter vom Stiel befreien.

Die Fleischwürfel in eine Schüssel geben, salzen, pfeffern, den Knoblauch und etwas Olivenöl dazugeben und alles gut miteinander verrühren.

Die Würfel zuerst mit einem Blatt Spinat und dann mit einer halben Scheibe Speck umwickeln und auf einen Doppelspieß stecken. Je nach Größe des Spießes passen fünf bis sieben Würfel auf einen Spieß.

Nun die Spieße von jeder Seite eine Minute direkt grillen und anschließend fünf Minuten im indirekten Bereich fertig garen.

IRISH HEREFORD FILET

4 PORTIONEN

ZUTATEN

1		Rinderfilet, circa 1–1,5 kg, Center Cut (Mittelstück)
2	EL	Petersilie, frisch
2	EL	Basilikum, frisch
1	EL	Thymian, frisch
1	EL	Estragon, frisch
2	EL	Schnittlauch, frisch
2		Schalotten
2		Knoblauchzehen
100	g	Pinienkerne
		Salz
		Pfeffer
2	EL	Olivenöl
2	EL	Sesamöl

ZUBEREITUNG

Alle Zutaten – bis auf das Fleisch – in den Mixer geben und zu einer glatten Masse pürieren. Das Filet mit der Masse bestreichen und in den indirekten Bereich des Grills legen. Einen Kerntemperaturfühler in die dickste Stelle des Filets stecken und bis zu einer Kerntemperatur von 58 °C grillen. Das Fleisch herausnehmen und abgedeckt zehn Minuten ruhen lassen. Zum Servieren in Scheiben aufschneiden.

TIPP: Besonders gut schmeckt dieses Gericht, wenn es mit Steaks vom Chianina Rind zubereitet wird.

BISTECCA FIORENTINA MIT WEISSEN BOHNEN

4 PORTIONEN

ZUTATEN

2		Porterhouse Steaks à circa 1 kg
6	EL	Olivenöl
4	Zweige	Rosmarin
4		Knoblauchzehen
2	TL	schwarzer Pfeffer, frisch gemahlen
2	TL	Fleur de Sel
1	TL	Oregano, frisch

BEILAGE:

2	Dosen	weiße Bohnen in Salzwasser
2	Dosen	geschälte Tomaten
3		Knoblauchzehen
eine Handvoll		frische Salbeiblätter
		Salz
		Pfeffer
		Olivenöl

ZUBEREITUNG

Weiße Bohnen:
Das Salzwasser der Bohnen abschütten. Das Olivenöl in einem Topf erhitzen, den Knoblauch und die Salbeiblätter anschwitzen. Die Tomaten und die Bohnen dazugeben und bei schwacher Hitze 20 Minuten köcheln lassen. Mit Salz und Pfeffer abschmecken.

Steak:
Knoblauch und Oregano klein hacken, die Steaks mit Olivenöl bestreichen. Knoblauch, Oregano, Salz und Pfeffer vermischen und beide Seiten der Steaks damit einreiben.

Die Rosmarinzweige darauf legen und für 12 Stunden marinieren. Die Steaks von jeder Seite sieben Minuten grillen. Anschließend das Fleisch zehn Minuten im indirekten Bereich ruhen lassen. Die Steaks zum Servieren in circa zwei Zentimeter breite Streifen quer zum Knochen aufschneiden und auf die Teller verteilen. Die Bohnen separat in einer kleinen Schüssel reichen.

SANFT GEGARTE STEAKHÜFTE

ZUTATEN

1		Steakhüfte, circa 2–3 kg
2		Knoblauchzehen, gehackt
		Saft von 2 Zitronen
2	TL	Curry
1	TL	Kurkuma
1	TL	Koriander, gemahlen
1	EL	Paprika
1	TL	schwarzer Pfeffer, frisch gemahlen
1	TL	Salz
1	l	Orangensaft

ZUBEREITUNG

Alle Zutaten – bis auf das Fleisch und den Orangensaft – gut vermischen, die Steakhüfte damit einreiben und über Nacht im Kühlschrank marinieren. Den Smoker auf 120 °C aufheizen und die Temperatur halten. Die Hüfte circa vier Stunden bis zu einer Kerntemperatur von 60 °C smoken. Dabei immer wieder mit dem Orangensaft besprühen.

Nach Ende der Garzeit das Fleisch vom Grill nehmen und zehn Minuten in Alufolie ruhen lassen. Zum Servieren gegen die Faser aufschneiden.

GANZES OCHSENKARREE AUS DEM BBQ-SMOKER

ZUTATEN

1		Ochsenkarree, circa 4 kg
3	EL	Sesam
2	EL	Koriandersaat
4	EL	brauner Zucker
2	EL	Chili-Flocken
2	EL	Orangenabrieb
1	EL	Basilikum, gerebelt
1	TL	Salz
1	TL	Pfeffer
100	g	Orangenkonfitüre

ZUBEREITUNG

Das Ochsenkarree trocken tupfen, die Gewürze gut vermischen und das Karree damit einreiben. Das gewürzte Karree mit der Orangenkonfitüre einstreichen. Dann den Smoker auf 110 °C aufheizen und die Temperatur halten. Das Ochsenkarree mit Apfelholz smoken, dann bekommt es eine leichte Rauchnote. Mithilfe eines Kerntemperaturfühlers bis zu einer Kerntemperatur von 60 °C smoken. Nach Ende der Garzeit das Fleisch vom Smoker nehmen und zehn Minuten ruhen lassen. Zum Servieren in dünne Scheiben schneiden.

ZUBEREITUNG

Das Brisket mit dem Rub einreiben und für mindestens 12, besser 24 Stunden im Kühlschrank marinieren. Mindestens drei Stunden vor dem Smoken aus dem Kühlschrank nehmen, damit es Zimmertemperatur erreicht. Denn wenn das Fleisch nur eine Kerntemperatur von 10 °C hat, verlängert sich die Garzeit um zwei Stunden! Das Brisket nun bei Niedertemperatur zwischen 100 und 120 °C smoken, bis es eine Kerntemperatur von mindestens 90 °C erreicht hat. Das Brisket mit einem Mopp- oder Silikonpinsel zum ersten Mal nach circa fünf Stunden mit der Mopp-Sauce bestreichen und diesen Vorgang alle 30 Minuten wiederholen.

Wenn die Kerntemperatur von mindestens 90 °C erreicht ist, das Fleisch vom Smoker nehmen, in Alufolie einwickeln und mindestens 20 Minuten ruhen lassen. Die Garzeit beträgt circa 12–15 Stunden.

BEEF BRISKET

ZUTATEN

1		Rinderbrustspitz, circa 4 kg

FÜR DEN RUB:

5	EL	brauner Zucker
5	EL	Paprika
1	EL	Cayennepfeffer, gemahlen
1	EL	Knoblauchpulver
1	EL	Zwiebelsalz
2	EL	schwarzer Pfeffer, frisch gemahlen
1	EL	Meersalz
1	EL	Ingwerpulver
1	EL	Koriander gemahlen

Alle Zutaten für den Rub gründlich miteinander vermischen.

FÜR DIE MOPP-SAUCE:

1	l	Apfelsaft (oder Apfelcidre)
2	EL	brauner Zucker
1		Zwiebel, in dünne Ringe geschnitten
2	EL	Paprika

Alle Zutaten miteinander vermischen und aufkochen.

SMOKER

SCHWEIN

GETRÜFFELTES SECRETO

4 PORTIONEN

ZUTATEN

1	kg	Secreto (Bauchlappen vom iberischen Schwein)
200	g	Butter
1	EL	schwarzer Pfeffer, gemahlen
1	TL	Meersalz
1		Trüffel (saisonal schwarz oder weiß)

ZUBEREITUNG

Die Butter erwärmen, bis sie flüssig ist. Das Secreto aus dem Kühlschrank nehmen, salzen, pfeffern und mit der warmen Butter bestreichen. So lange warten, bis die flüssige Butter auf dem Fleisch wieder fest geworden ist.

In der Zwischenzeit den Grill für direktes Grillen bei mittlerer Hitze vorbereiten und das Secreto drei Minuten von jeder Seite grillen.

Anschließend das Fleisch auf vorgewärmten Tellern anrichten und den Trüffel fein darüber hobeln.

TIPP: Besonders gut schmeckt's, wenn Sie Schweinefleisch vom Ibérico verwenden.

SCHWEINERÜCKENDECKEL „PLUMA“ IBERISCHE ART

ZUTATEN

2		Schweinerückendeckel
2		Knoblauchzehen, gehackt
1	TL	Chili-Flocken
2	EL	Meersalz
2	EL	schwarzer Pfeffer
3		Bio-Zitronen, Abrieb
3	EL	Olivenöl
		etwas trockener Sherry
		Oliven zum Servieren

ZUBEREITUNG

Den Knoblauch mit dem Abrieb der Zitronenschalen, dem Chili, dem Meersalz, dem Pfeffer und dem Olivenöl vermischen. Die Rückendeckel damit bestreichen und vier Stunden im Kühlschrank marinieren.

Den Grill für indirektes Grillen vorbereiten und das Fleisch von jeder Seite im direkten Bereich scharf angrillen, anschließend in den indirekten Bereich legen und dort 12 Minuten fertig grillen.

Fünf Minuten ruhen lassen, dann das Fleisch in Scheiben schneiden und auf die vier Teller verteilen. Zum Servieren noch ein paar Tropfen trockenen Sherry und Olivenöl darüber träufeln.

SCHWEINERÜCKEN GEFÜLLT MIT STEINPILZEN

4 PORTIONEN

ZUTATEN

1		Schweinerücken am Stück, circa 1 kg
60	g	Steinpilze, getrocknet
2		Frühlingszwiebeln
1	Bund	glatte Petersilie
4	EL	Öl
5	EL	Mehl
3	EL	Speckwürfel
50	g	Manchego
		Salz
		Pfeffer
		Metzgergarn

ZUBEREITUNG

Die Steinpilze für 30 Minuten in warmem Wasser einweichen, anschließend gut abtrocknen.

Frühlingszwiebeln, Petersilie und Käse klein schneiden. Zusammen mit den Steinpilzen, dem Olivenöl, dem Speck und dem Mehl vermengen. Salzen und pfeffern und 30 Minuten ziehen lassen.

Der Länge nach eine Tasche in den Schweinerücken schneiden und den Rücken mit der Masse füllen. Mit Metzgergarn zubinden, damit die Füllung nicht herausfallen kann.

Den Grill für indirektes Grillen vorbereiten, das Fleisch in den indirekten Bereich legen und etwa 40 Minuten bei 200 °C grillen.

Kurz ruhen lassen und dann in Scheiben aufschneiden.

SCHWEINESCHULTER „MALLORQUINISCH“

4 PORTIONEN

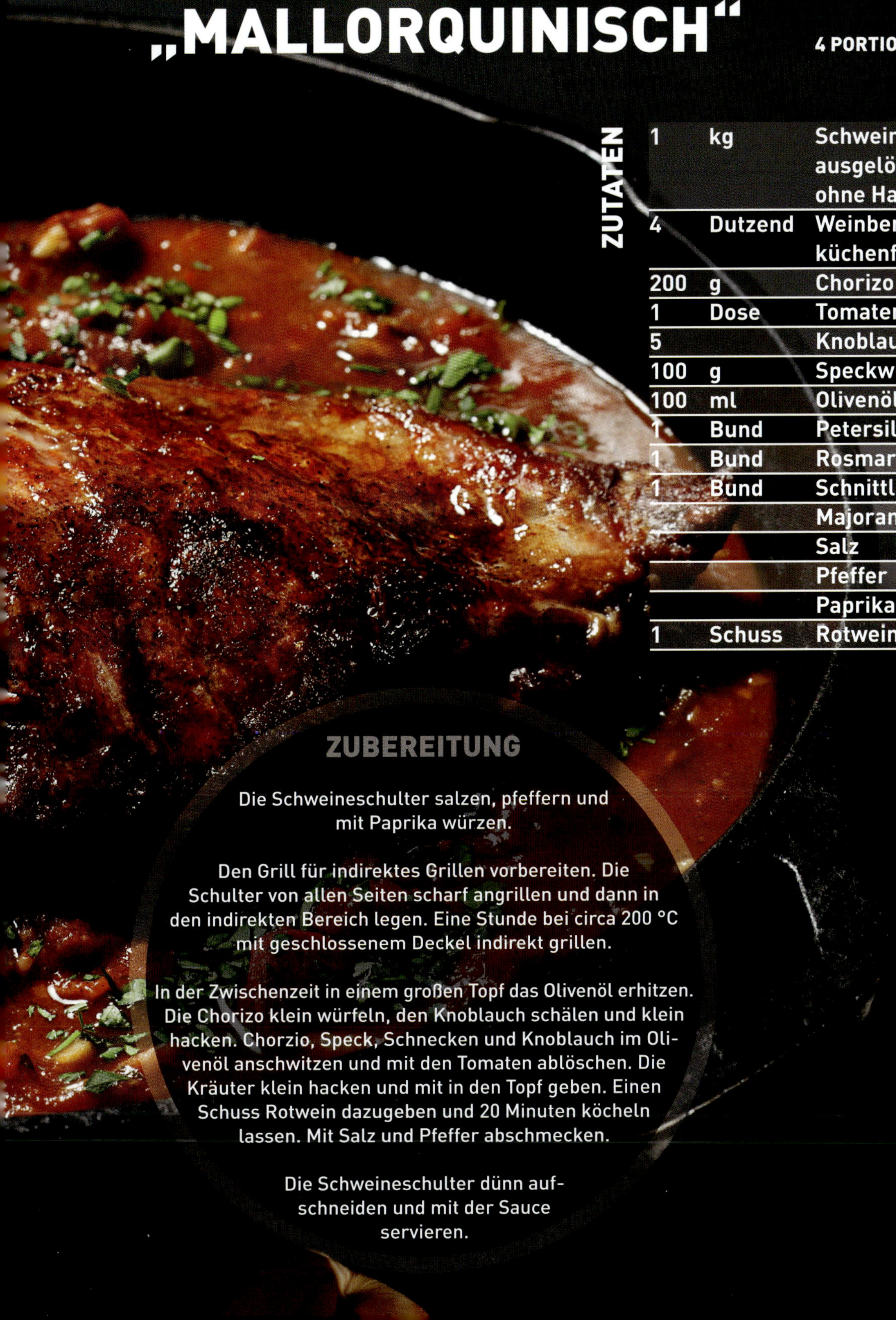

ZUTATEN

1	kg	Schweineschulter, ausgelöst und ohne Haut
4	Dutzend	Weinbergschnecken, küchenfertig
200	g	Chorizo
1	Dose	Tomaten ohne Haut
5		Knoblauchzehen
100	g	Speckwürfel
100	ml	Olivenöl
1	Bund	Petersilie
1	Bund	Rosmarin
1	Bund	Schnittlauch
		Majoran
		Salz
		Pfeffer
		Paprika
1	Schuss	Rotwein

ZUBEREITUNG

Die Schweineschulter salzen, pfeffern und mit Paprika würzen.

Den Grill für indirektes Grillen vorbereiten. Die Schulter von allen Seiten scharf angrillen und dann in den indirekten Bereich legen. Eine Stunde bei circa 200 °C mit geschlossenem Deckel indirekt grillen.

In der Zwischenzeit in einem großen Topf das Olivenöl erhitzen. Die Chorizo klein würfeln, den Knoblauch schälen und klein hacken. Chorzio, Speck, Schnecken und Knoblauch im Olivenöl anschwitzen und mit den Tomaten ablöschen. Die Kräuter klein hacken und mit in den Topf geben. Einen Schuss Rotwein dazugeben und 20 Minuten köcheln lassen. Mit Salz und Pfeffer abschmecken.

Die Schweineschulter dünn aufschneiden und mit der Sauce servieren.

BIERFASS-FERKEL

ZUTATEN

1		Milchferkel, circa 5 kg
1	5-Liter	Partyfässchen Bier, Sorte nach Geschmack
60	g	schwarzer Pfeffer
100	g	Salz
100	g	Paprika edelsüß
2	Knollen	Knoblauch
3		Gemüsezwiebeln
		Metzgergarn
1	kg	Schweineschmalz

ZUBEREITUNG

Das Ferkel innen mit Salz, Pfeffer und Paprika würzen. Den Knoblauch und die Zwiebeln schälen, grob zerkleinern und in den Bauch geben.

Den Bauchraum soweit von vorn und hinten zunähen, bis nur noch ein Loch in der Größe des Partyfässchens offen bleibt.

Das Bier bis auf circa einen Liter leer trinken und den oberen Deckel entfernen. Jetzt das Schweinchen mit dem Bauch über das Fass stecken und so in den indirekten Bereich des Grills stellen.

Das Schweineschmalz in einem Topf erhitzen, bis es flüssig ist und das Schwein immer wieder damit einpinseln.

Die Garzeit beträgt etwa fünf Stunden.

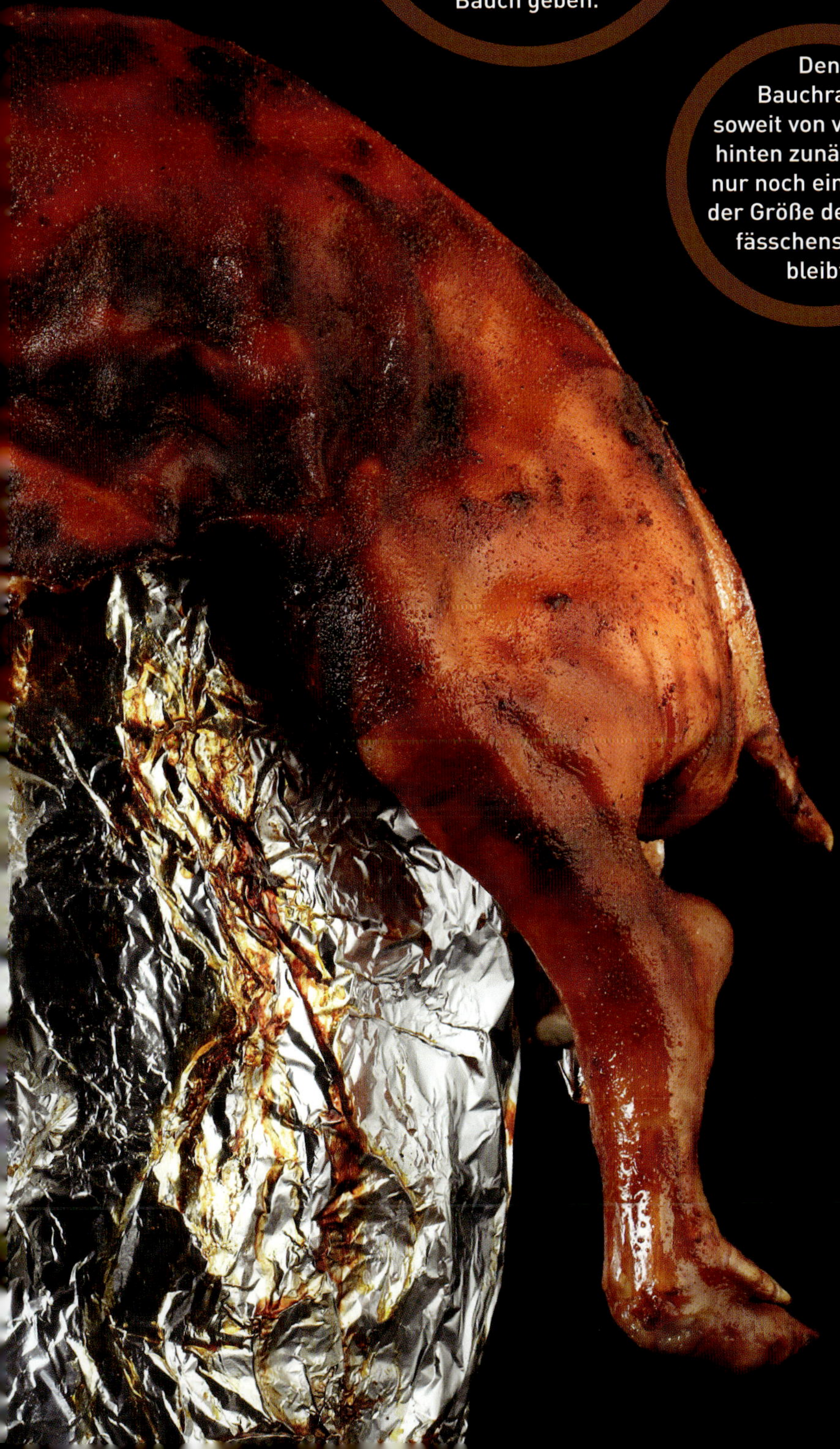

PULLED PORK SANDWICHES

ZUTATEN

1		Schweinenacken, circa 2,5 kg

RUB:

8	EL	brauner Zucker
5	EL	Paprika edelsüß
1	EL	Koriander, gerebelt
2	EL	Zwiebelpulver
1	EL	Knoblauchpulver
1	TL	Cayennepfeffer
1	EL	schwarzer Pfeffer, gemahlen
2	TL	Salz
1	TL	Kümmel, gemahlen
1	TL	Chili-Flocken

MOPP-SAUCE:

2	EL	des Rubs
100	ml	Essig
2		Zwiebeln, in Ringe geschnitten
2		Habaneros
0,5	l	Bier

8		Burger-Brötchen

ZUBEREITUNG

Die Zutaten für den Rub gut vermischen, 2 EL davon für die Mopp-Sauce zur Seite stellen. Den Schweinenacken gründlich mit dem Rub einreiben und für mindestens 12 Stunden in den Kühlschrank stellen.

Die Zutaten für die Mopp-Sauce in einen Topf geben und kurz aufkochen lassen.

Den Smoker aufheizen und bei circa 110–120 °C einregulieren.

Den Nacken mit wenig Rauch von der Buche oder vom Obstholz circa 12 Stunden smoken.

Nach acht Stunden alle 30 Minuten mit Mopp-Sauce bestreichen.

Wenn der Nacken eine Kerntemperatur von 90 °C erreicht hat, herausnehmen, fest in Alufolie einwickeln und in einer Kühlbox eine Stunde ruhen lassen.

Das Fleisch mit zwei Gabeln „pullen", also zerrupfen, und dann eine Portion auf ein Burger-Brötchen geben. Ein Krautsalat passt perfekt dazu.

SMOKER

RIPPCHEN VOM BBQ-SMOKER

ZUTATEN

4		Kotelett Rippen-Stränge

RUB:

5	EL	brauner Zucker
3	EL	Paprika, mittelscharf
1	EL	Salz
1	EL	Pfeffer, gemahlen
1	EL	Chili, gemahlen
1	EL	Zwiebelpulver
1	EL	Knoblauchpulver
2	EL	Sesam

MOPP-SAUCE:

0,5	l	Orangensaft
3	EL	Honig
2	EL	des Rubs
1	EL	Ingwer, gemahlen
2		Knoblauchzehen im Ganzen, ohne Schale

ZUBEREITUNG

Die Rippchen mit dem Rub einreiben und für 12 Stunden marinieren.

Den Smoker auf 120 °C aufheizen und die Temperatur halten.

Die Zutaten für die Mopp-Sauce miteinander vermischen, in einem Topf aufkochen und zu einer streichbaren Sauce reduzieren.

Die Rippchen mit der Fleischseite nach unten für zwei Stunden smoken, nach zwei Stunden drehen und mit der Sauce einpinseln.

Innerhalb der gesamten Garzeit von circa dreieinhalb bis vier Stunden die Rippchen insgesamt dreimal mit der Mopp-Sauce bestreichen.

Die Rippen sind fertig, wenn sich die Knochen herausziehen lassen.

SMOKER

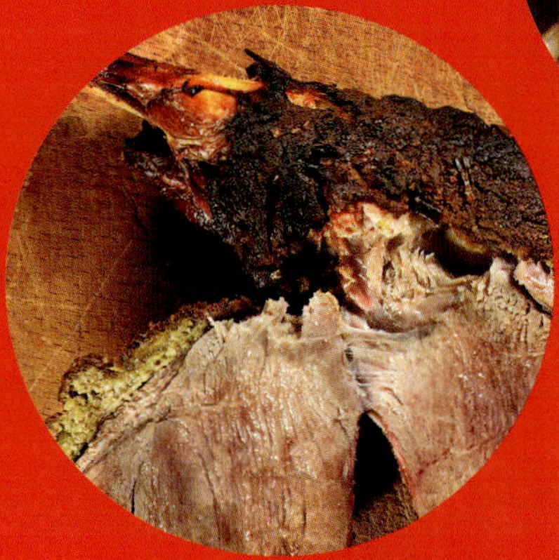

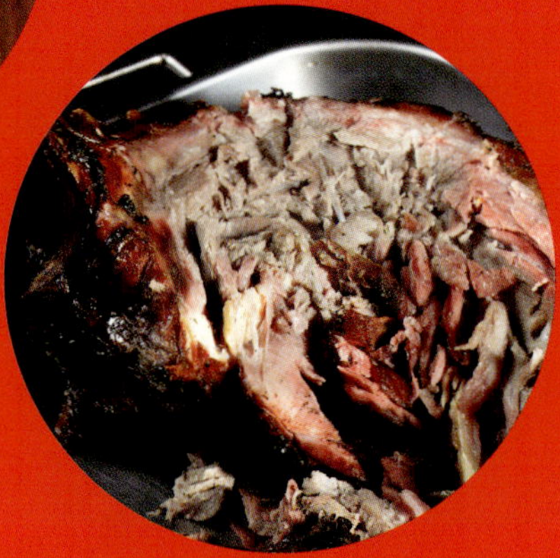

LAMM

LAMMKOTELETTS AFRIKANISCH

4 PORTIONEN

ZUTATEN

12		Lammkoteletts
GEWÜRZMISCHUNG:		
2	EL	Kreuzkümmelsamen
2	EL	Koriandersamen
1	EL	Kardamomsamen, aus der Hülse geschält
1		Zimtstange
1	TL	Nelken
1	EL	schwarzer Pfeffer
1	TL	Kurkuma
1	TL	Salz
MARINADE:		
1		Papaya
2		Zwiebeln
1		Knoblauchzehe
1	Stück	Ingwer, circa 2 cm
100	g	Naturjoghurt

ZUBEREITUNG

Die Zutaten der Gewürzmischung für zehn Minuten in einer Pfanne rösten und anschließend in einem Mörser zerstoßen.

Für die Marinade alle Zutaten klein schneiden und zusammen mit der Gewürzmischung in einen Mixer geben.

Alles gut vermischen und die Lammkoteletts für sechs Stunden darin marinieren.

Den Grill für direktes Grillen vorbereiten. Die Lammkoteletts trocken tupfen und von jeder Seite zwei Minuten grillen.

Zum Servieren etwas grobes Meersalz darüberstreuen.

OLD HICKORY ®

LAMMKEULE IN DER KRÄUTERKRUSTE

ZUTATEN

1		Lammkeule, circa 2 kg

KRÄUTERKRUSTE:

2	EL	Kresse
2	EL	Basilikum
2	EL	Thymian
2	EL	Estragonblätter
2	EL	Schnittlauch
3		Schalotten
5		Knoblauchzehen
2	TL	Meerrettich, frisch
		Salz
		Pfeffer
2		Brötchen vom Vortag, grob zerteilt
1		hart gekochtes Ei
2	EL	Dijon Senf
8	EL	Olivenöl

ZUBEREITUNG

Alle Zutaten für die Kräuterkruste – bis auf das Olivenöl – in den Mixer geben und gut durchmixen, das Olivenöl nach und nach dazugeben, bis eine cremige Masse entsteht.

Die Lammkeule mindestens zwei Stunden vor dem Grillen aus dem Kühlschrank nehmen und auf Zimmertemperatur bringen.

Die Lammkeule salzen und pfeffern und mit der Kräutermarinade bestreichen.

Den Grill für indirektes Grillen vorbereiten und die Lammkeule in den indirekten Bereich legen. Es empfiehlt sich, einen Kerntemperaturfühler zu benutzen. Die Keule so lange grillen, bis eine Kerntemperatur von 65 °C erreicht ist, das dauert etwa zweieinhalb Stunden.

Das Fleisch vom Grill nehmen und fünf Minuten ruhen lassen. Anschließend mit einem scharfen Messer dünne Scheiben abschneiden und servieren.

LAMMSCHULTER IN ROTWEIN GEBEIZT

4 PORTIONEN

ZUTATEN

1		Lammschulter, ausgelöst, circa 1 kg
150	ml	Rotwein
4	EL	Rotweinessig
8	EL	Olivenöl
2		Lorbeerblätter
2		Estragonzweige
2		Thymianzweige
4		Salbeiblätter
2		Zwiebeln
2		Knoblauchzehen
		schwarzer Pfeffer
		Meersalz

ZUBEREITUNG

Die Zwiebeln und den Knoblauch schälen und in dünne Ringe schneiden.

Die Kräuter waschen und trocken tupfen.

Den Rotwein, den Essig und 6 EL Olivenöl verrühren.

Die Hälfte der Zwiebeln, des Knoblauchs und der Kräuter in eine Schüssel geben.

Die Lammschulter darauf legen und mit der anderen Hälfte abdecken.

Mit der Rotweinmarinade übergießen und 12 Stunden im Kühlschrank marinieren.

Den Grill für indirektes Grillen vorbereiten und die Lammschulter in den indirekten Bereich legen. Bei geschlossenem Deckel zwei Stunden garen.

Das Fleisch vom Grill nehmen und fünf Minuten ruhen lassen, anschließend dünn aufschneiden.

LAMMKARREE MIAMI BEACH

4 PORTIONEN

ZUTATEN

2		Lammkarrees
1		reife Papaya
100	g	Naturjoghurt
1		Habanero Chili
		Saft von zwei Limetten
1		rote Zwiebel
1		Knoblauchzehe
		Salz
1	Prise	Zucker
		zusätzlich 1 Papaya
		Zitronensaft

ZUBEREITUNG

Die Papaya schälen und klein würfeln, die Habanero entkernen und klein schneiden, die Zwiebel und den Knoblauch schälen und klein hacken. Alles zusammen mit dem Joghurt, dem Salz, dem Limettensaft und dem Zucker in einen Mixer geben und gut vermischen.

Die Lammkarrees mit der Marinade bestreichen und für 12 Stunden im Kühlschrank marinieren.

Den Grill für indirektes Grillen vorbereiten. Das Fleisch aus der Marinade nehmen und trocken tupfen. Die Karrees von jeder Seite zwei Minuten direkt grillen, anschließend in den indirekten Bereich legen und zehn Minuten bei etwa 200 °C fertig grillen.

Die Karrees nach dem Grillen fünf Minuten ruhen lassen und dann einzelne Koteletts abschneiden.

Die zweite Papaya schälen und klein würfeln, mit Zitronensaft beträufeln. Die Koteletts auf den Tellern verteilen und die Papaya dazu servieren.

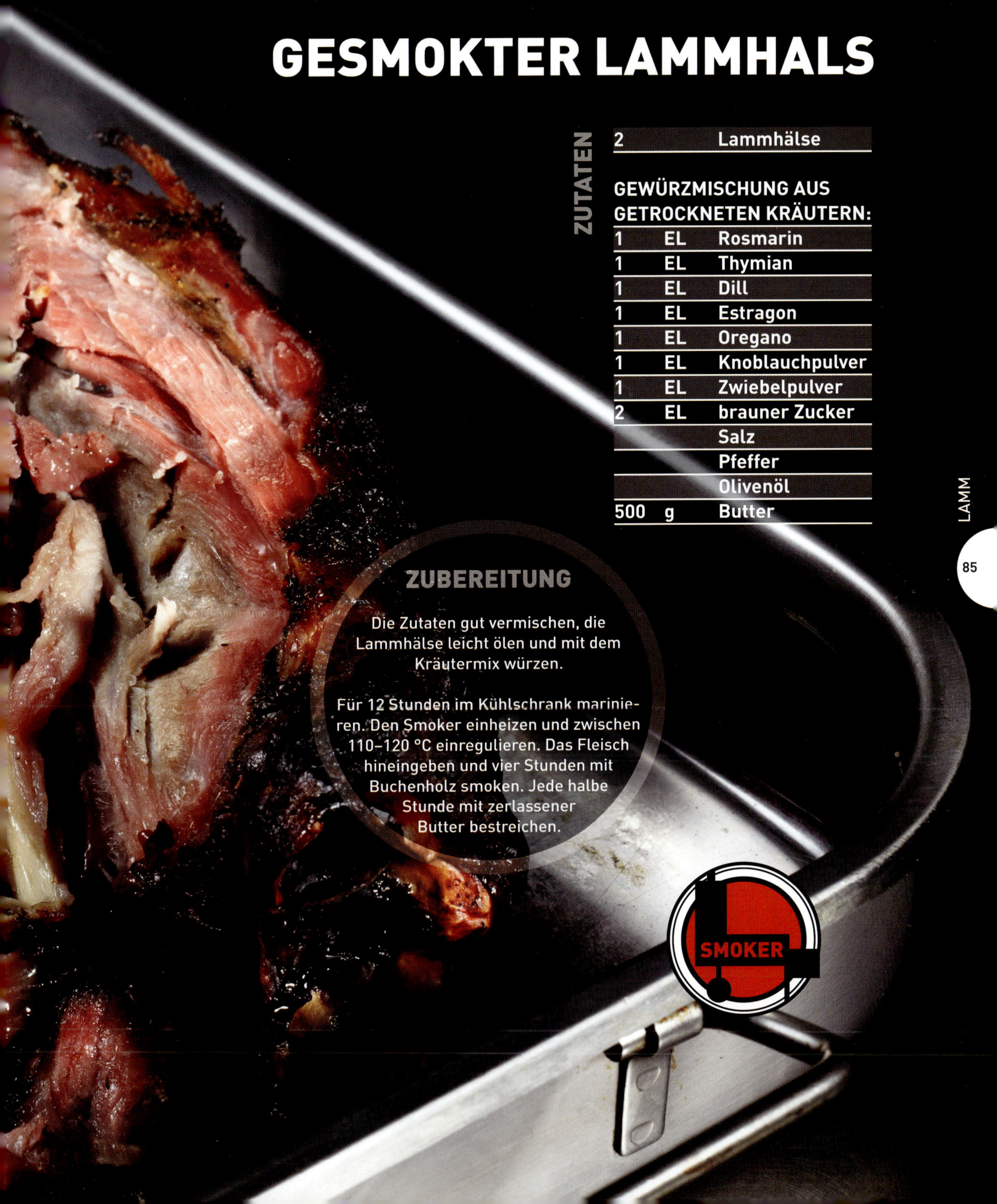

GESMOKTER LAMMHALS

ZUTATEN

2		Lammhälse

GEWÜRZMISCHUNG AUS GETROCKNETEN KRÄUTERN:

1	EL	Rosmarin
1	EL	Thymian
1	EL	Dill
1	EL	Estragon
1	EL	Oregano
1	EL	Knoblauchpulver
1	EL	Zwiebelpulver
2	EL	brauner Zucker
		Salz
		Pfeffer
		Olivenöl
500	g	Butter

ZUBEREITUNG

Die Zutaten gut vermischen, die Lammhälse leicht ölen und mit dem Kräutermix würzen.

Für 12 Stunden im Kühlschrank marinieren. Den Smoker einheizen und zwischen 110–120 °C einregulieren. Das Fleisch hineingeben und vier Stunden mit Buchenholz smoken. Jede halbe Stunde mit zerlassener Butter bestreichen.

SMOKER

GEFLÜGEL

HOT SMOKED CHICKENWINGS

ZUTATEN

1	kg	Hühnerflügel
2	EL	Paprika
2	EL	Knoblauchgranulat
4	EL	brauner Zucker
2	EL	Salz
2	EL	Koriander, gerebelt
1	EL	Senfpulver
2	TL	Cayennepfeffer
1	TL	Kreuzkümmel, gemahlen
2	TL	schwarzer Pfeffer, gemahlen
1	EL	Chili-Flocken
500	ml	Sweet Chili Sauce

SMOKER

ZUBEREITUNG

Die Hühnerflügel unter fließendem Wasser gründlich abspülen und trocken tupfen. Die Gewürze vermischen und die Hühnerflügel damit einreiben.

Den Smoker auf 110 °C aufheizen und die Temperatur halten.

Die Hühnerflügel in den Smoker legen und dreieinhalb Stunden mit wenig Rauch smoken.

Nach zwei Stunden mit der Chili Sauce moppen und dies alle 20 Minuten wiederholen.

GEFLÜGELTE TRILOGIE

ZUTATEN

1		Wachtel
1		Maishähnchen
1		Ente
1	Dose	Red Bull
1	Dose	Cola
1	Dose	Faxe (1 l)

Für die Brine:		
3	l	Cola
1	l	Orangensaft
5	EL	Pfeffer, gemahlen
8	EL	Meersalz
4	EL	Chili-Pulver
4	EL	Paprika
4		rote Zwiebeln
5	EL	Thymian
circa 3 cm		Ingwer, klein geschnitten
8	EL	Weißwein- oder Apfelessig
10	EL	brauner Zucker

ZUBEREITUNG

1.
Wachtel, Huhn und Ente über Nacht in einem wasserdichten Behälter in die Brine legen und abdecken. Am nächsten Morgen herausnehmen, trocken tupfen und für drei Stunden in den Kühlschrank legen. Anschließend das Geflügel etwas einölen, gründlich salzen und pfeffern und mit dem Rub kräftig einreiben.

2.
Die drei Dosen zu einem Drittel mit Weißwein füllen.

3a.
Die Wachtel auf die Red Bull Dose setzen, …

3b.
… das Huhn auf die Cola Dose und …

Für den Rub:

10	EL	Limettenabrieb
		Salz
		Pfeffer
2	Bund	Thymian
6	EL	Paprika
		Olivenöl
0,5	l	Weißwein

3c.
… die Ente auf die Faxe Dose.

4.
Den Grill zum indirekten Grillen vorbereiten. Erst die Ente in den indirekten Bereich des Grills stellen, etwa eine Stunde später das Huhn und weitere 15 Minuten danach die Wachtel.

Grilltemperatur: 200 °C

Garzeiten:
Ente: zwei Stunden,
Huhn: eine Stunde,
Wachtel: 45 Minuten

FISCH

MELONEN-HEILBUTT-SPIESSE

4 PORTIONEN

ZUTATEN

2		Heilbuttfilets
1		Honigmelone
4	EL	Honig
4	EL	Meerrettich, frisch gerieben
		Salz
		Pfeffer
4		Spieße

ZUBEREITUNG

Die Heilbuttfilets entgräten und die Haut entfernen.

Jedes Heilbuttfilet in 16 gleich große Würfel schneiden, salzen und pfeffern.

Die Melone schälen und daraus ebenfalls 16 Würfel in der Größe der Fischwürfel schneiden.

Nun abwechselnd Heilbutt und Melone auf Spieße stecken. Den Meerrettich mit dem Honig vermengen und die aufgespießten Würfel damit bestreichen. Die Spieße eine Stunde ziehen lassen.

Den Grill für indirektes Grillen vorbereiten. Die Spieße kurz von jeder Seite direkt angrillen und dann sieben Minuten im indirekten Bereich garziehen lassen.

LACHS VOM BUCHENBRETT

ZUTATEN

1		Lachsseite auf der Haut, circa 1,5 kg
1		Buchenbrett, unbehandelt, circa 2 cm dick, mindestens eine Stunde gewässert

FÜR DIE MARINADE:

2	EL	Limettensaft
2	EL	weißer Essig (z. B. Apfel-, Weißwein- oder Reisessig)
2	EL	Dijonsenf
2	EL	Honig
2	EL	Schnittlauch, gehackt
1	TL	Salz
½	TL	Knoblauchgranulat
½	TL	schwarzer Pfeffer
¼	TL	Cayennepfeffer
60	ml	Olivenöl

ZUBEREITUNG

Die Zutaten für die Marinade im Mixer gründlich mischen. Das Öl nach und nach in den laufenden Mixer geben und eine glatte Masse herstellen.

Nun den Lachs parieren, salzen und pfeffern. Mit Schnitten bis auf die Haut – nicht durch die Haut – portionieren und üppig mit der Marinade bepinseln.

Dann den Lachs mit der Hautseite nach unten auf die Planke legen und 20–25 Minuten bei 180–200 °C direkt grillen.

GEPIERCTER ZANDER

3 PORTIONEN

ZUTATEN

2		Zanderfilets
3		Zimtstangen
4	EL	Koriander, gemahlen
		Salz
		Pfeffer
		Öl

ZUBEREITUNG

Die Zanderfilets gründlich unter fließendem Wasser abwaschen, trocken tupfen und jeweils in drei gleich große Stücken teilen. Die Haut der Filets im Abstand von einem Zentimeter mit einem scharfen Messer einschneiden ohne das Fleisch zu verletzen. Die Zimtstangen vorsichtig teilen und Spieße daraus schneiden. Jeweils einen Spieß pro Filet durch die Haut fädeln.

Den Zander salzen, pfeffern und mit dem Koriander würzen.

Eine Gussplatte oder Gusspfanne auf dem Grill bei direkter Hitze aufheizen und etwas Öl darauf geben. Den Zander vier Minuten auf der Hautseite grillen, umdrehen und nochmal zwei Minuten auf der Fleischseite grillen. Mit der Hautseite nach oben servieren.

LACHSFORELLE

ZUTATEN

1		Lachsforelle, circa 1,2–1,5 kg
1	Bund	Petersilie
½	Bund	Thymian
4	EL	Schnittlauch, klein geschnitten
2		Bio-Zitronen, Abrieb
4	EL	Zitronensaft
2		Knoblauchzehen, klein gehackt
		Salz
		Pfeffer
250	g	Butter
6	EL	Olivenöl
3		große Kartoffeln

ZUBEREITUNG

Die Forelle unter fließendem Wasser gründlich abwaschen. Die Kartoffeln ebenfalls waschen und unten etwa zwei Zentimeter gerade abschneiden. Die Haut der Forelle im Abstand von drei Zentimetern mit einem scharfen Messer einschneiden und dabei darauf achten, dass das Fleisch nicht verletzt wird. Anschließend die Forelle mit dem Zitronensaft einreiben und 30 Minuten ruhen lassen.

Thymian, Petersilie, Schnittlauch und Knoblauch klein hacken. Den Schnittlauch und die Hälfte der Kräuter zur Seite legen. Den Rest mit dem Zitronenabrieb, Salz, Pfeffer und Olivenöl vermischen und die Forelle gründlich damit einreiben.

Den Grill zum indirekten Grillen bei mittlerer Hitze vorbereiten. Die Kartoffeln mit der Schnittstelle nach unten in die Bauchöffnung der Forelle stecken und den Fisch in den indirekten Bereich stellen. Die Kartoffeln dienen quasi als Ständer.

Die Butter schmelzen und den Schnittlauch und die restlichen Kräuter unterrühren.

Die Forelle 30–35 Minuten grillen und alle zehn Minuten mit der Butter bepinseln.

GEGRILLTE AUSTERN

4 PORTIONEN

ZUTATEN

12		Austern
125	g	Butter
½	Bund	Petersilie, gehackt
½	Bund	Schnittlauch, in feine Röllchen geschnitten
2		kleine rote Chili-Schoten, z. B. Bird Eyes
2		Bio-Zitronen, Abrieb und Saft
1		Knoblauchzehe, fein gehackt
1	TL	Salz
1	TL	schwarzer Pfeffer
3	TL	brauner Zucker

ZUBEREITUNG

Alle Zutaten – bis auf die Austern und den Zitronensaft – gründlich mit der Butter vermengen. Am besten stellt man die Butter vorher kurz in den vorgeheizten Backofen. Nun öffnet man die Austern, gießt das Wasser ab, beträufelt sie mit Zitronensaft und bedeckt sie mit jeweils einem Teelöffel der gewürzten Butter. Die vorbereiteten Austern werden zehn Minuten im direkten Bereich gegrillt.

BEILAGEN RUBS & MOPPS

GEGRILLTES SPIEGELEI IN DER PAPRIKA

4 PORTIONEN

ZUTATEN

4		rote Paprika
4		Eier
		Salz
		Pfeffer
		Paprika
		Chili-Flocken
2	EL	Schnittlauch, in feine Röllchen geschnitten

ZUBEREITUNG

Unterhalb des Strunks etwa ein Drittel der Paprika gerade abschneiden. Das Kerngehäuse komplett entfernen und die Paprika sauber aushöhlen.

Die Paprika innen mit Chili-Flocken würzen, das Ei aufschlagen und in die Paprika geben. Nun das Ei salzen, pfeffern und mit Paprika würzen.

Den Grill für indirektes Grillen vorbereiten und die Schoten bei circa 200 °C im indirekten Bereich zehn Minuten lang grillen. Vorsichtig mit einer Grillzange vom Rost nehmen, auf dem Teller anrichten und die Schnittlauchröllchen über das Ei streuen.

ANTIPASTI VOM GRILL

3 PORTIONEN

ZUTATEN

1		Muffins-Blech
3		Gambas
3		Jakobsmuscheln ohne Schale
3		Weinbergschnecken ohne Haus
100	g	Rinderfilet in drei gleich große Würfel geschnitten
400	g	Butter, zimmerwarm
6		Knoblauchzehen, klein gehackt
2	EL	Rosmarin, klein gehackt

2	EL	Thymian, klein gehackt
1	Handvoll	Rosenblätter, ungespritzt
2		Bio-Zitronen
2	EL	Chili-Flocken
1	TL	Paprika, scharf
4	TL	Salz
4	TL	Pfeffer
etwas		Zucker

ZUBEREITUNG

Rosenbutter für die Jakobsmuscheln:
100 g Butter, Rosenblätter (mit kaltem Wasser abgespült und klein gehackt), einen TL Salz, einen TL Pfeffer, eine klein gehackte Knoblauchzehe und eine Prise Zucker gründlich miteinander vermengen.

Jeweils eine Jakobsmuschel in eine Muffin-Form legen. Die Rosenbutter über den Jakobsmuscheln auf die drei Muffin-Formen verteilen. Sie sollten etwa zu zwei Dritteln gefüllt sein.

Zitronenbutter für die Gambas:
100 g Butter, Abrieb von zwei Bio-Zitronen, einen TL Zitronensaft, einen TL Salz, einen TL Pfeffer, eine klein gehackte Knoblauchzehe und eine Prise Zucker gründlich miteinander vermengen.

Jeweils eine Gamba in eine Muffin-Form legen. Die Zitronenbutter über den Gambas auf die drei Muffin-Formen verteilen. Sie sollten etwa zu zwei Dritteln gefüllt sein.

Kräuter-Knoblauchbutter für die Schnecken:
100 g Butter, Rosmarin, Thymian, drei gehackte Knoblauchzehen, einen TL Salz, einen TL Pfeffer und eine Prise Zucker gründlich miteinander vermengen.

Jeweils eine Schnecke in eine Muffin-Form legen. Die Kräuter-Knoblauchbutter über die Schnecken auf die drei Muffin-Formen verteilen. Sie sollten etwa zu zwei Dritteln gefüllt sein.

Chili-Butter für das Rinderfilet:
100 g Butter, zwei EL Chili-Flocken, einen TL Salz, einen TL Pfeffer, eine klein gehackte Knoblauchzehe, einen TL Paprika und eine Prise Zucker gründlich miteinander vermengen.

Jeweils einen Fleischwürfel in eine Muffin-Form legen. Die Chili-Butter über das Fleisch auf die drei Muffin-Formen verteilen. Sie sollten etwa zu zwei Dritteln gefüllt sein.

Den Grill für indirektes Grillen vorbereiten, das Muffin-Blech in den indirekten Bereich stellen und solange grillen, bis die Butter köchelt.

Das Blech vom Grill nehmen und auf eine hitzebeständige Unterlage stellen. Zum Servieren Weißbrot dazu reichen.

TOMATEN GEFÜLLT MIT NORDSEEKRABBEN

4 PORTIONEN

ZUTATEN

4		große Rispentomaten
100	g	Nordseekrabben, gepult
200	g	Frischkäse
1	Bund	Bärlauch (Je nach Jahreszeit und Verfügbarkeit von Bärlauch kann man ihn durch Schnittlauch und Knoblauch ersetzen)
		Salz
		Pfeffer
		Zucker
		Limettensaft

ZUBEREITUNG

Die Tomaten am Stielansatz einen Zentimeter gerade abschneiden und das Kerngehäuse entfernen.

Nicht zu tief aushöhlen, damit noch ein Boden übrig bleibt. Dann an der Unterseite einen geraden Schnitt machen, damit die Tomaten sicher stehen.

Den Bärlauch klein schneiden und mit Frischkäse, Salz, Pfeffer, Zucker und etwas Limettensaft vermengen. Danach die Krabben unterheben und die Masse in die Tomaten füllen.

Die Tomaten im indirekten Bereich bei 200 °C 20 Minuten lang grillen.

GEFÜLLTE CHAMPIGNONS

4 PORTIONEN

ZUTATEN

4		Riesenchampignons
2	Scheiben	Serranoschinken, fein geschnitten
4	EL	geriebener Käse, z. B. Manchego, Emmentaler oder Bergkäse
2	EL	Crème fraîche
1		rote Zwiebel, in feine Würfel geschnitten
		Pfeffer
		Salz

ZUBEREITUNG

Die Pilze abbürsten und die Stiele herausdrehen. Mit einem Kugelausstecher oder einem Teelöffel die Pilzkappen vorsichtig etwas aushöhlen.

Das Ausgehöhlte fein hacken und mit Schinken, Zwiebel, 3 EL Käse und der Crème fraîche gut vermischen. Mit Pfeffer und Salz abschmecken und in die Pilzkappen füllen.

Mit dem restlichen Käse bestreuen und im indirekten Bereich bei mittlerer Hitze auf einer Grillpfanne etwa zehn Minuten grillen, bis die Pilze weich sind und der Käse verläuft.

GEGRILLTER LAUCH

4 PORTIONEN

ZUTATEN

4	Stangen	Lauch
4	EL	Honig
2	cm	Ingwer, klein gehackt
		Fleur de Sel

ZUBEREITUNG

Die dunkelgrünen Enden des Lauchs abschneiden, den Lauch waschen und die inneren 3–4 Ringe vorsichtig herausziehen. Die so herausgeschobenen Ringe der Länge nach aufschlitzen und die inneren Ringe herausnehmen. Nun den aufgeschnittenen Lauch mit Honig bestreichen und etwas von dem gehackten Ingwer hineingeben, zusammendrücken und wieder in die äußeren Ringe hineinschieben. Zehn Minuten direkt grillen, vor dem Servieren den äußeren Ring entfernen und den Lauch in circa zwei Zentimeter breite Streifen schneiden. Mit Fleur de Sel bestreuen.

GEFÜLLTES WEISSBROT

4 KLEINE BROTE

ZUTATEN

FÜR DAS BROT:		
500	g	Mehl
250	ml	Wasser
1	TL	Salz
1	Päckchen	Trockenhefe
1	Prise	Zucker

FÜR DIE FÜLLUNG:		
1		Zucchini
1		Aubergine
2		Tomaten
150	g	Feta
1		Knoblauchzehe, gehackt
		Salz
		Pfeffer
		Rosmarin, getrocknet

ZUBEREITUNG

Den Teig in vier gleich große Teile portionieren und jeweils rund ausrollen. Die Zucchini, die Aubergine, die Tomaten und den Feta in Scheiben schneiden. Eine Hälfte des Teigs abwechselnd mit den aufgeschnittenen Gemüsescheiben und dem Feta belegen. Salzen, pfeffern, mit etwas Olivenöl beträufeln, etwas von dem gehackten Knoblauch darüber geben und mit etwas Rosmarin würzen. Nun die unbelegte Teighälfte über die belegte klappen und den Teig etwa einen Zentimeter vom Rand entfernt zusammendrücken, sodass das Brot beim Backen dicht verschlossen bleibt. Den äußeren Rand des Teigs abschneiden.

15–20 Minuten bei 200 °C auf dem Pizzastein im indirekten Bereich grillen.

FÜR SCHWEINEFLEISCH

RUB:		
5	EL	brauner Zucker
3	EL	Paprika, mittelscharf
1	EL	Salz
1	EL	gemahlener Pfeffer
1	EL	Chili, gemahlen
1	EL	Zwiebelpulver
1	EL	Knoblauchpulver

Alles gründlich miteinander vermischen.

MOPP-SAUCE:		
0,5	l	Orangensaft
3	EL	Honig
2	EL	vom Rub
1	EL	Ingwer, gemahlen
2		Knoblauchzehen, im Ganzen ohne Schale

Alles in einem Topf zu einer streichbaren Sauce reduzieren.

RUBS & MOPPS

FÜR RINDFLEISCH

RUB:		
5	EL	brauner Zucker
5	EL	Paprika
1	EL	Cayennepfeffer, gemahlen
1	EL	Knoblauchpulver
1	EL	Zwiebelsalz
2	EL	schwarzer Pfeffer, gemahlen
1	EL	Meersalz
1	EL	Ingwer, gemahlen
1	EL	Koriander, gemahlen

Alles gründlich miteinander vermischen.

MOPP-SAUCE:		
1	l	Apfelsaft (oder Apfelcidre)
2	EL	brauner Zucker
1		Zwiebel, in dünne Ringe geschnitten
2	EL	Paprika

Alles in einen Topf geben und kurz aufkochen lassen.

2	Dosen	pürierte Tomaten
2		mittelgroße Zwiebeln, gehackt
8	EL	Worcester Sauce
100	g	Butter
4	EL	Öl
2	EL	Zucker
2	EL	brauner Zucker
2	TL	Kaffeebohnen, frisch gemahlen
1	TL	Salz
1	TL	Knoblauch, sehr fein gehackt
1	TL	schwarzer Pfeffer
½	TL	Ingwer, gemahlen
½	TL	Piment, gemahlen

Alle Zutaten vermischen, miteinander zum Kochen bringen und unter gelegentlichem Umrühren zehn Minuten kochen lassen.

1	EL	Thymian
1	EL	Oregano
1	EL	Majoran
1	TL	grüne Pfefferkörner, gemahlen
2	EL	Kräutersenf
1	EL	Kräuteressig
1	EL	Petersilie

Alles miteinander vermischen und im Mixer zu einer glatten Mischung mixen. Die Marinade eignet sich für alle weißen Fische wie Pangasius, Scholle, Zander usw.

MARINADE FÜR SCHWEINE-, HÄHNCHEN- UND RINDERSTEAKS

20	g	Ingwer, frisch gerieben
2		Chili-Schoten, z. B. Bird Eye ohne Kerne
½	TL	Kardamom
1	TL	schwarzer Pfeffer
100	ml	Orangensaft, frisch gepresst
1	TL	Soja-Sauce
100	ml	Olivenöl

Alles gründlich miteinander vermischen, das Fleisch damit einreiben und drei Stunden marinieren.

INDEX

SMOKER

Für die Zubereitung folgender Rezepte benötigen Sie einen Smoker:

Sanft gegarte Steakhüfte	52
Ganzes Ochsenkarree aus dem BBQ-Smoker	54
Beef Brisket	56
Pulled Pork Sandwiches	70
Rippchen vom BBQ-Smoker	72
Gesmokter Lammhals	84
Hot Smoked Chickenwings	88

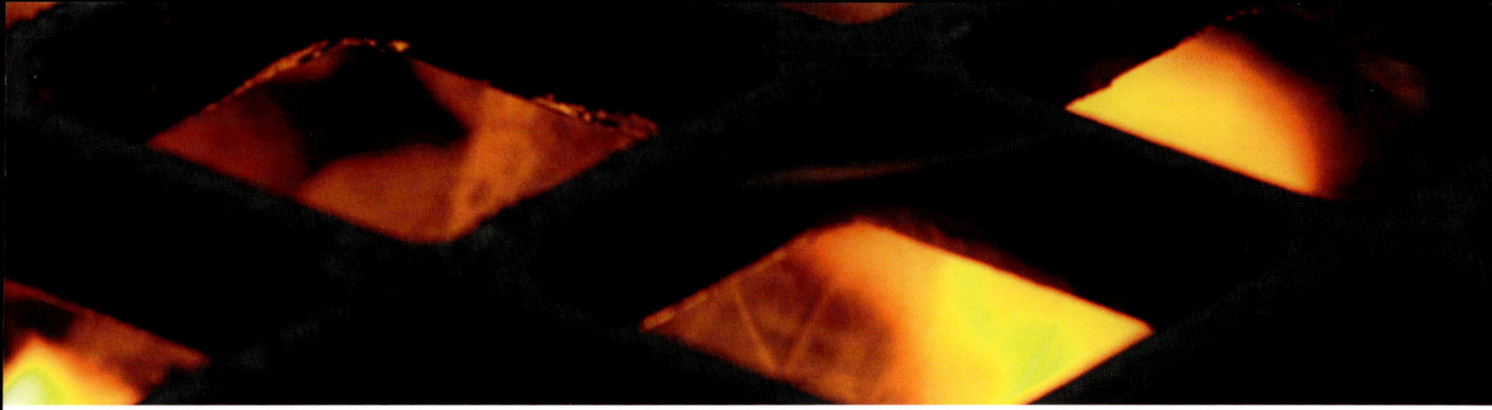

REZEPTREGISTER

STEPHAN OTTO

Ende 2004 machte Stephan Otto, Jahrgang 1966, seine Leidenschaft zum Beruf und gründete mit seinen beiden Brüdern Wolfgang und Michael die Firma OTTO GOURMET. Den gelernten Bankkaufmann mit betriebswirtschaftlichem Studium zog es nach langjähriger Tätigkeit als Unternehmensberater im Jahr 2001 in die USA, wo er als Managementberater arbeitete. In dieser Zeit lernte er das US Rindfleisch lieben – insbesondere das Wagyu Kobe-style Beef, das über den Versandhandel vertrieben wird –, was ihn dazu bewog, seinen Beruf aufzugeben und als Quereinsteiger in der Food-Branche anzufangen, um dieses tolle Fleisch nach Deutschland zu exportieren.

OTTO GOURMET agiert sehr erfolgreich im Aufspüren und Vermarkten von exklusivem, hochwertigem Fleisch. Stephan Otto zeichnet für die Strategie und Geschäftsentwicklung von OTTO GOURMET verantwortlich und nimmt so wesentlichen Einfluss auf die Ausrichtung der Produktlinien und den Kundenservice bei OTTO GOURMET. Seine Leidenschaft und sein Ansporn ist es, Liebhaber für gutes Fleisch zu gewinnen. Die Nachhaltigkeit der Produktion, leidenschaftliche Züchter, eine artgerechte Tierhaltung und die Wertschätzung in der Spitzengastronomie – das sind die wichtigsten Kriterien, nach denen er die Produkte auswählt.

Privat ist Stephan Otto ein Griller: „Röstaromen vom Grill, gepaart mit saftigem, geschmackvollem Fleisch, das macht das Leben lebenswert."

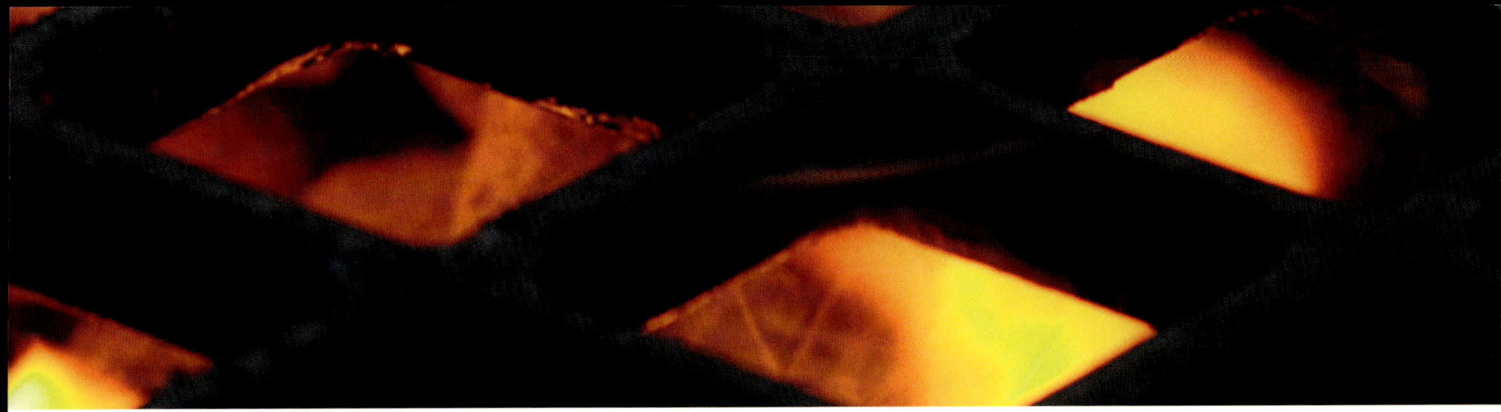

STEFAN MARQUARD

Starkoch Stefan Marquard ist bekannt für seinen kreativen, etwas anderen Kochstil. In der Küche hört er am liebsten Punkrock und vertritt die These „Erlaubt ist was schmeckt – auch wenn es sich erst einmal komisch anhört".

Der gebürtige Franke (Jahrgang 1964) absolvierte nach einer Metzgerlehre eine Ausbildung zum Koch im „Hotel Rebstock" in Würzburg. Es folgten Stationen in renommierten Häusern, an die sich eine einjährige kulinarische Reise durch Italien anschloss. Zusammen mit Adalbert Schmitt eröffnete er das „Taverna la vigna", das sich nach kürzester Zeit zum besten italienischen Restaurant im deutschsprachigen Raum entwickelte. 1991 machte er sich mit seinem ersten eigenen Restaurant selbständig – den „Drei Stuben" in Meersburg.

Mit seiner unkonventionellen Küche erkochte er sich unter anderem einen Michelin-Stern und 18 Punkte im Gault Millau. Von 2000 bis 2003 war Marquard Chefkoch in Deutschlands größtem Restaurant, dem „Lenbach" in München. Seit 2003 betreibt er mit Wolfgang Weigler „Stefan Marquards Eventcatering". Zusammen mit seinem Team, der „Jolly-Roger-Cooking-Gang", verzaubert er mittlerweile ganz Europa mit seiner Kochkunst. Immer getreu dem Motto „cooking is like punkrock"! Seit 2010 betreibt Stefan Marquard das Restaurant „Dining Range" im Golfclub Olching bei München.

STEFFEN EICHHORN

Die Leidenschaft für das Kochen und erstklassige Lebensmittel stehen bei dem gebürtigen Franken (Jahrgang 1976) schon seit langem Mittelpunkt. Angeregt durch den Grillsportverein war der Weg, den er einschlagen wollte, bald klar: All das, was die guten Köche in ihren Küchen zaubern, würde er vom Grill servieren. Steffen Eichhorn grillt im Meisterschaftsteam des Grillsportvereins, das schon einige Erfolge verbuchen konnte.

Durch die Zusammenarbeit mit der Firma OTTO-GOURMET entwickelten sich die Kontakte zu vielen Spitzenköchen wie Stefan Marquard oder Kolja Kleeberg, die ihn regelmäßig für ihre Grillevents buchen.

2009 gründete er die Firma BBQ & More Eventcatering, die neben Catering, Grillseminaren und Produkttests für namhafte Grillhersteller auch Grillevents für die Gastronomie anbietet.